CO
FO

Roger Caillois

de l'Académie française

Le mythe et l'homme

Gallimard

Roger Caillois (1913-1978) est né à Reims. Après des études classiques, il est reçu à l'Ecole normale supérieure et passe une agrégation de grammaire. En 1938, il fonde avec Georges Bataille et Michel Leiris le « Collège de sociologie » destiné à étudier les manifestations du sacré dans la vie sociale. De 1940 à 1945, il séjourne en Amérique du Sud, où il crée l'institut français de Buenos Aires et lance une revue, *Les Lettres françaises*. De retour en France, il crée chez Gallimard la collection « La Croix du Sud », qui publiera de grands auteurs latino-américains comme Borges, Neruda ou Asturias. En 1948, il assume la direction de la division des lettres, puis du développement culturel, à l'Unesco, et fonde, dans le cadre de celle-ci, la revue de sciences humaines *Diogène*. En 1971, il est élu à l'Académie française, au fauteuil de Jérôme Carcopino. En 1978, peu de temps avant sa mort, il reçoit successivement le Grand Prix national des lettres, le prix Marcel Proust pour son ouvrage *Le fleuve Alphée*, et le Prix européen de l'essai.

Cette triple consécration vient honorer une œuvre déjà fort abondante, et essentiellement composée d'essais dont les plus célèbres sont *Le mythe et l'homme, L'homme et le sacré, Esthétique généralisée, Les jeux et les hommes*.

PRÉFACE DE 1972

Ce livre a plus de trente ans. Le fait qu'il soit publié aujourd'hui en édition dite de poche montre qu'il n'a pas tout à fait perdu son actualité, quoique situé dans un domaine où il est peu d'ouvrages qui n'apparaissent vite (de plus en plus vite) périmés ou désuets.

Le relisant, je n'y ai rien trouvé à renier. Il témoigne plutôt d'illusions qui m'ont abandonné. En tout cas, je n'y ai apporté aucune correction. Au contraire, il me prouve l'unité, la continuité, l'obstination d'une recherche parfois diverse jusqu'au disparate, mais dont l'intuition principale apparaît déjà explicitement dans cette première confidence de mes curiosités. Les ouvrages qui ont suivi celui-ci, L'Homme et le Sacré, Méduse et Cie, Les Jeux et les Hommes, L'incertitude qui vient des rêves, Instincts et Sociétés, Bellone ou la pente de la guerre, Cases d'un échiquier, *même* Ponce Pilate *ne font, la plupart du temps, qu'en exécuter le programme ou en développer tel ou tel chapitre, sinon une simple phrase. Il n'y a guère que mes descriptions de minéraux que le présent volume* n'annonce pas. Mais l'attitude récente dont elles sont issues était, pour moi aussi, imprévisible.

Pour le reste, je ne puis que me réjouir d'une fidélité à mon propos initial que je ne soupçonnais pas avoir été à ce point tyrannique.

R.C.
Janvier 1972

AVERTISSEMENT

Les multiples formes que revêtent les démarches de l'imagination ne paraissent pas avoir été souvent étudiées dans leur ensemble. Au lieu de les éclairer l'une par l'autre, on a fait de l'histoire littéraire, de la mythographie, de la psychologie normale ou pathologique, etc., autant de provinces autonomes où l'on émiette arbitrairement l'unité de la vie de l'esprit et dont on confronte rarement les données, sinon pour le vain plaisir d'en tirer quelques identifications grossières et futiles, d'ordre si général qu'il devient difficile même de les nier. On sait ainsi assimiler couramment l'une à l'autre les pensées mythique, poétique, enfantine et morbide. Quelques déclarations de mystiques, quelques vues de poètes, quelques formules de MM. Lévy-Bruhl, Piaget ou Freud font l'affaire dans les meilleurs cas. On ne paraît pas s'apercevoir que, dans ces conditions, il est infiniment plus fécond pour une phénoménologie générale de l'imagination, de préciser les différences que d'affirmer de lointaines analogies.

A cette seule condition de bien marquer à la

base les caractères spécifiques des diverses manifestations de la vie imaginative, il devient possible d'esquisser, pour tous les faits envisagés, une sorte de classification exhaustive les réunissant en une construction systématique, qui manque encore et dont le besoin se fait parfois cruellement sentir.

Il est d'ores et déjà possible de donner quelque idée, naturellement très partielle et schématique, d'un tel édifice : par exemple, on s'est trouvé conduit, en étudiant le conte de fée et le conte fantastique, à tenir le premier pour l'expression de l'état d'une âme soumise aux puissances supérieures propices, le second pour celle d'un être révolté, fier de sa propre force et s'alliant contre les puissances supérieures aux puissances surnaturelles mauvaises[1]. Parallèlement, mais indépendamment, il a été soutenu que l'homme religieux s'incline respectueusement devant les puissances supérieures, tandis que le sorcier s'efforce de les contraindre[2]. Il n'est déjà qu'à confronter ces deux conclusions pour apercevoir à quel point les deux ordres de faits s'articulent et quel supplément d'autorité leur alignement donne à l'explication.

Cependant la systématisation se poursuit et les enquêtes ethnographiques aboutissent à opposer comme représentatifs de deux attitudes d'esprit fondamentales le *chamanisme*, manifestant la puissance de l'individu en lutte contre l'ordre

1. Joseph H. Retinger, *Le Conte fantastique dans le romantisme français*, Paris, 1928, p. 6-7.
2. C'est notamment la position adoptée par Sir J.G. Frazer.

naturel de la réalité, et le *manisme*, marquant la recherche, par l'abandon de soi-même, de l'identification du moi et du non-moi, de la conscience et du monde extérieur[1]. Or, c'est là précisément la distinction établie dans le même système entre le poétique et le magique : « Il est évident que le merveilleux apparaît dans les créations spirituelles et dans la poésie et dans les contes de l'humanité comme un phénomène mystique né de l'abandon, le magique provenant par contre du besoin primitif du *moi* de se dégager de la réalité insaisissable et d'acquérir la puissance à l'aide de la magie[2]. »

A son tour, cette dichotomie s'insère dans une riche perspective qui met en lumière une double assise dans les démarches de l'esprit : on rangera, avec la magie, toute attitude de conquête, avec la mystique, toute tentative d'effusion. En cette dernière, prédomine la sensibilité. Une certaine passivité la caractérise : à l'extrême, on la dira d'essence théopathique. Au contraire, la magie est liée à l'intelligence et à la volonté de puissance. C'est un essai d'extension du champ de conscience pour y intégrer le monde suprasensible. Cet aspect à la fois agressif et scientifique la fait qualifier de théurgique[3].

Le passage au social est possible à tous les étages de la construction : on a vu qu'on avait opposé la religion et la magie comme une atti-

---

1. L. Frobenius, *Histoire de la civilisation africaine*, Paris, 1936, p. 255.
2. *Ibid.* p. 211.
3. Evelyn Underhill, *Mysticism, A Study in the Nature and Development of Man's Spiritual Consciousness*, London, 1911.

tude de soumission à une attitude de recours à la
contrainte; les sociologues, au contraire, les
opposent comme deux ensembles de phénomènes. L'un « systématique, ordonné, obligatoire »,
la religion; l'autre, « désordonné, facultatif ou
criminel »[1], la magie. Il n'est pas sûr que ces
deux points de vue soient incompatibles : il est
au contraire facilement concevable qu'une certaine attitude mentale s'accompagne communément d'un comportement déterminé à l'égard du
groupe social, soit qu'elle l'entraîne, soit qu'à
l'inverse, elle se trouve entraînée par la situation
de l'individu dans la société et par ses réactions
immédiates vis-à-vis d'elle.

Ces exemples suffisent à faire entrevoir, sinon
l'architecture générale de la systématisation,
du moins le mécanisme de son édification; il
s'agit de considérer un vaste ensemble de phénomènes comme une totalité organique dont
les multiples éléments sont interdépendants.
L'effort se dessine ainsi tout entier comme une
tentative de synthèse : le but est de saisir sous
ses formes éminemment changeantes une fonction de l'esprit, la plus souple, la plus fuyante de
toutes, susceptible de se déguiser indéfiniment et
de trouver à se nourrir sur les terrains les plus
stériles en apparence. Certains des raccourcis
qu'on se risquera à jeter entre tel et tel des
domaines hétérogènes du monde de l'imagination sembleront sans doute arbitraires ou mal
assurés : mais il est inutile d'espérer, sans impru-

---

1. H. Hubert et M. Mauss, *Année sociologique*, X, (1905-6) p. 224; cf.
VII (1902-3) « Esquisse d'une théorie générale de la magie ».

dences de parti pris, parvenir à faire sortir de l'ornière d'une atomisation excessive les recherches de cette espèce.

Aussi les études qui composent cet ouvrage n'ont-elles pas d'autre but que de repérer, dans le labyrinthe des faits proposés à l'observation, les carrefours, les lieux critiques, les points où viennent interférer des données aussitôt divergentes. Elles s'attachent surtout au mieux caractérisé d'entre eux, *le mythe*, et s'efforcent, par l'analyse d'un exemple choisi aussi significatif que possible, de définir sa nature et sa fonction, précisant les différentes déterminations qui (des lois élémentaires de la biologie à celles qui, complexes à l'extrême, régissent les phénomènes sociaux) contribuent à faire des représentations collectives de caractère mythique une manifestation privilégiée entre toutes de la vie imaginative. C'est en effet dans le mythe que l'on saisit le mieux, *à vif*, la collusion des postulations les plus secrètes, les plus virulentes du psychisme individuel et des pressions les plus impératives et les plus troublantes de l'existence sociale. Il n'en faut pas plus pour lui accorder une situation éminente et pour inciter à ordonner par rapport à lui quelques-uns de ces problèmes essentiels qui touchent à la fois au monde de la connaissance et à celui de l'action.

Qu'on ne s'étonne donc pas si, au cours des essais qui suivent, le plan de l'observation réellement ou apparemment désintéressée paraît être à la fin abandonné pour celui de la décision. C'est qu'à mesure que l'objet de l'étude se rapproche des réalités contemporaines et participe davantage à la substance des problèmes qui s'y débattent, les formules de conclusion se trouvent, du fait même, chaque fois plus engagées dans le domaine des responsabilités : elles ne portent plus sur le définitif et l'achevé, sur le passé. Elles rattrapent le temps, pour ainsi dire, et mettent en lumière des évolutions qui n'ont pas encore vu leur fin, si bien que *sans changer de nature*, elles apparaissent non plus indicatives, mais impératives. D'ailleurs, rien n'est peut-être plus désiré par certains esprits à l'heure actuelle, qu'une démarche qui précisément permette de passer sans mauvaise conscience de la conception à l'exécution. En tout cas, il est digne de remarque que ce soit justement dans la mesure où la méthode qui a dirigé ces investigations a voulu les inscrire dans un système *total*, qui ne laissât rien au-dehors de son édifice, que ces mêmes investigations peuvent, dès qu'elles touchent aux questions à résoudre par l'action, apporter des éléments de réponse aussi exempts que possible d'ambiguïté, de timidité et d'arbitraire.

Paris, juin 1937.

I

Fonction du mythe

Et protégeant tout seul ma mère amalécyte
Je ressème à ses pieds les dents du vieux
dragon.

G. de Nerval.

Il ne semble pas que la capacité de créer ou de vivre les mythes ait été remplacée par celle d'en rendre compte. A tout le moins faut-il avouer que les tentatives d'exégèse ont été à peu près constamment décevantes : le temps, ainsi qu'il a fait des différentes Troies, a superposé, sans la moindre élection, les couches de leurs ruines. Cette stratification, d'ailleurs, ne laisse pas d'être instructive, et, peut-être, une coupe en profondeur y révélerait, dans les très grandes lignes, quelque dialectique.

En ces matières, ce n'est pas une des moindres surprises de l'étude que d'appréhender la profonde hétérogénéité des données qui s'offrent à son analyse. Il est rare, semble-t-il, qu'un même principe d'explication réussisse deux fois sous le même angle et dans la même proportion. A la

limite, on se demande même s'il n'en faudrait
pas un différent pour chaque mythe, comme si
chaque mythe, organisation d'une singularité
irréductible, était consubstantiel à son principe
d'explication, de telle sorte que celui-ci ne puisse
être détaché de celui-là sans une chute sensible
de densité et de compréhension. En tout cas,
considérer le monde des mythes comme homogène et comme tel justiciable d'une clef unique,
apparaît manifestement comme une vue de l'esprit, de l'esprit toujours préoccupé de saisir le
Même sous l'Autre, l'un sous le multiple, mais ici
vraiment trop pressé de brûler les étapes : or, ici
comme ailleurs, le résultat, quand la déduction le
rend prévisible ou quand un arbitraire se le
donne d'avance, compte moins que la voie
concrète de sa détermination.

Quoi qu'il en soit, il est certain que le mythe,
qui prend place à l'extrême pointe de la super-
structure de la société et de l'activité de l'esprit,
répond par nature aux plus diverses sollicitations et cela simultanément, de sorte qu'elles
s'imbriquent en lui de façon *a priori* fort complexe et que, par conséquent, l'analyse d'un
mythe à partir d'un *système* d'explication, si
fondé soit-il, doit laisser et laisse en effet une
impression d'insurmontable insuffisance, un irréductible résidu auquel on est aussitôt tenté d'attribuer – par réaction – une importance décisive.

Chaque système est donc vrai par ce qu'il
propose et faux par ce qu'il exclut, et la préten-
tion de tout expliquer peut rapidement amener
le système à l'état de délire d'interprétation,
comme il est arrivé aux théories solaires (Max

Müller et ses disciples) et astrales (Stucken
et l'école panbabyloniste) et plus récemment
aux lamentables tentatives psychanalytiques
(C. G. Jung, etc.). Il est d'ailleurs possible que le
délire d'interprétation soit en ces matières assez
justifiable, apparaisse même à l'occasion comme
une méthode efficace d'investigation. Il n'en est
pas moins extrêmement dangereux, précisément
à cause de sa postulation d'exclusivité. Il ne s'agit
plus de vérifier le principe par chaque donnée et
de le conserver assez plastique pour qu'il puisse
s'enrichir au contact des résistances mêmes qu'il
rencontre, en sorte qu'un certain échange lui
permette, au fur et à mesure qu'il explique, de
dominer ce qu'il explique. Il s'agit seulement
d'adapter de vive force, par un processus d'abs-
traction qui leur fait perdre avec leurs caractères
concrets leur réalité profonde, la diversité des
faits à la raideur d'un principe sclérosé et tenu
a priori pour nécessaire et suffisant. Il est clair, en
outre, que l'extension de principe d'un système
d'explication aboutit en fait à lui retirer toute
efficacité de détermination précise et partant
toute valeur d'explication, en un mot, le mine.
Cependant, compte tenu de ces écarts de pensée,
c'est-à-dire étant éliminés tous les cas où l'explication est remplacée par l'adéquation forcée du
fait au principe, tous les cas aussi où un principe
d'explication est abusivement considéré comme
efficient en dehors de sa sphère d'influence spécifique, il reste qu'il n'y a rien dans les efforts
passés de l'exégèse mythologique qui mérite une
condamnation sans appel.

Tous ont resserré autour des mythes un filet

de déterminations aux mailles de plus en plus
fines, mettant en lumière les conditions de leur
genèse, qu'elles vinssent de la nature, de l'histoire, de la société ou de l'homme. Ce n'est pas
ici le lieu de retracer la succession ou de refaire
la critique des différentes écoles. Il n'est sur ce
point qu'à se referer aux ouvrages qui, avec plus
ou moins de bonheur, ont traité ce sujet[1]. Il
suffira présentement d'indiquer le dessin dialectique de leur évolution. Il semble qu'en gros elle
soit dirigée *de l'externe à l'interne*. Un premier
niveau de détermination est constitué par les
phénomènes naturels : la course diurne du soleil,
les phases de la lune, les éclipses et les orages
forment pour ainsi dire comme une première
enveloppe des mythes, support de valeur universelle, mais en revanche assez peu directement
déterminant. Il ne faudrait surtout pas conclure
que la mythologie est une sorte de traduction
poétique des phénomènes atmosphériques[2] et
suivre Schlegel qui la définit comme « une
expression hiéroglyphique de la nature environ-
nante sous la transfiguration de l'imagination et
de l'amour[3] ». Les phénomènes naturels ne

1. Cf. J. Réville, *Les phases successives de l'histoire des religions*, Paris,
1909; O. Gruppe, *Geschichte der Klassischen Mythologie und Religions-
geschichte*, Leipzig, 1921; H. Pinard de la Boullaye, *L'Etude comparée
des religions*, Paris, 1922-1925.
2. De même, il est impossible de concevoir sérieusement que la
mythologie représente une science approchée ou exprimée allégori-
quement. Certes, il se peut que les prétendus mythes de Platon
remplissent ce rôle, mais personne ne s'avisera de les confondre avec
la mythologie véritable, la mythologie « finalité sans fin », comme
personne n'ira considérer comme un mythe la fiction des êtres
courbes infiniment plats, qui sert couramment dans les exposés de
physique relativiste pour aider à imaginer un univers à quatre
dimensions.
3. *Rede über die Mythologie und Symbolische Anschauung.*

jouent qu'un rôle de cadre et ne sont à considérer que comme un premier *conditionnement terrestre*[1], sinon de l'âme, du moins de la fonction fabulatrice. L'histoire, la géographie, la sociologie précisent de leur côté et de façon convergente les conditions de la genèse des mythes et de leur développement. La physiologie apporte, elle aussi, ses composantes jusque dans les plus petits détails, depuis la mythologie du cauchemar[2] jusqu'à celle du bâillement et de l'éternuement[3]. On peut même déterminer les lois de la pensée mythique et dessiner ainsi les nécessités psychologiques de sa structure[4]. Il serait puéril de nier l'importance des apports de ces différentes disciplines. En particulier l'exégèse des mythes a certainement beaucoup à gagner à prendre ses inspirations dans les renseignements que lui apportent l'histoire et la sociologie et à fonder sur eux ses interprétations. C'est là, assurément, la voie du salut. Les données historiques et sociales constituent les enveloppes essentielles

1. L'expression est de C.G. Jung, Cf. *Essais de psychologie analytique*.
2. Cf. W. H. Roscher, *Ephialtes, Eine pathologische-mythologische Abhandlung über die Alpträume und Alpdämonen der klassischen Altertums* (Abhandl, der ph. hist. kl. d. kgl. Sächs. Gesell. der Wiss., XX, II, Leipzig, 1900).
3. P. Saintyves, *L'Eternuement et le Bâillement dans la magie, l'ethnographie et le folklore médical*, Paris.
4. Cf. les ouvrages de Cassirer et L. Lévy-Bruhl. Plus audacieusement Victor Henry écrit : « Le mythe est bien antérieur à l'homme : toute aperception d'un fait extérieur dans un organisme doué de quelque conscience est un mythe en puissance; l'univers dans le cerveau d'un animal supérieur se traduit en une série de mythes, c'est-à-dire de représentations instantanées, aussitôt évanouies que provoquées; plus la mémoire et la conscience établissent des liaisons entre ces éclairs de vision du non-moi, plus le mythe se précise et s'affirme, plus aussi l'animal monte en grade dans l'échelle des êtres. » *La Magie dans l'Inde Antique*, Paris, 1904, p. 242, n. 1.

des mythes. On sait du reste que c'est dans cette direction que la recherche s'est orientée de plus en plus exclusivement et avec de plus en plus de succès. Il est inutile de préciser davantage ce point : la valeur en est immédiatement appréciable à tous ceux qui sont tant soit peu familiers avec les travaux et les méthodes de la mythographie contemporaine. Cependant, après tous ces efforts et leurs remarquables résultats, on ne peut nier qu'il ne reste l'impression d'une sorte d'*écart*. On aperçoit bien les modes d'interventions de toutes les précédentes déterminations, soit naturelles, soit historiques, soit sociales, on n'en voit jamais *la raison suffisante*. Autrement dit, ces déterminations ne peuvent agir qu'extérieurement; ce sont, si l'on veut, les *composantes externes* de la mythologie; or il apparaît à quiconque possède quelque habitude des mythes que ceux-ci *sont conduits en même temps de l'intérieur par une dialectique spécifique d'auto-prolifération et d'auto-cristallisation qui est à soi-même son propre ressort et sa propre syntaxe.* Le mythe est le résultat de la convergence de ces deux courants de déterminations, le lieu géométrique de leur limitation mutuelle et de l'épreuve de leurs forces; il est fait de l'information, par une nécessité interne, des exigences et des données extérieures, lesquelles tantôt proposent, tantôt imposent, et tantôt disposent, en sorte que, rien ne semblant contrebalancer leur rôle, elles ont à peu près constamment paru, malgré l'insatisfaction qu'elles laissent toujours, suffire à rendre compte des mythes, sans bénéfice d'inventaire.

Cependant, elles laissent manifestement entier

le cœur même de la question : à quoi tient
l'emprise des mythes sur la sensibilité? A quelles
nécessités affectives sont-ils destinés à répondre?
Quelles satisfactions sont-ils chargés d'apporter?
Car enfin il fut un temps où des sociétés entières
y ajoutaient foi et les actualisaient par des rites,
et, maintenant qu'ils sont morts, ils ne cessent de
projeter leur ombre sur l'imagination de
l'homme et d'y susciter quelque exaltation. Malgré ses errements considérables, il faut savoir
gré à la psychanalyse de s'être attaquée à ce
problème. On sait que ses efforts ont été, la
plupart du temps, malheureux. Le besoin de
transposer de gré ou de force dans l'analyse des
mythes un principe d'explication qu'il est déjà
abusif d'étendre à toute la psychologie, l'emploi
mécanique et aveugle d'un symbolisme imbécile,
l'ignorance totale des difficultés propres à la
mythologie, l'insuffisance de la documentation
facilitant tous les laisser-aller de l'amateurisme,
ont abouti à des résultats auxquels on ne peut
guère souhaiter qu'un éternel silence. Mais il ne
faut pas tirer argument contre la doctrine des
faiblesses de ses fidèles. Il reste que la psychanalyse a posé le problème dans toute son acuité, il
reste qu'en définissant les processus de transfert,
de concentration et de surdétermination, elle a
jeté les bases d'une logique valable de l'imagination affective, il reste surtout que par la notion
de complexe, elle a mis en lumière une réalité
psychologique profonde qui, dans le cas spécial
de l'explication des mythes, pourrait avoir à
jouer un rôle fondamental.

Quoi qu'il en soit, si l'on veut appréhender la

fonction ultime des mythes, il semble bien qu'il faille s'engager dans cette direction et, au-delà de la psychanalyse même, s'adresser à la biologie en interprétant au besoin le sens de ses données par leurs répercussions dans le psychisme humain, telles que la psychologie les présente. Comparant les modèles les plus achevés des deux évolutions divergentes du règne animal, évolutions aboutissant respectivement à l'homme et aux insectes, il ne devra pas paraître périlleux de chercher des correspondances entre les uns et les autres et plus spécialement *entre le comportement des uns et la mythologie des autres*, s'il est vrai, comme le veut M. Bergson, que la représentation mythique (*image quasi hallucinatoire*) soit destinée à provoquer, en l'absence de l'instinct, le comportement que la présence de celui-ci aurait déclenché[1]. Mais il ne peut pas s'agir d'élan vital ou de quoi que ce soit de ce genre. Il s'en faut que l'instinct soit dans tous les cas une puissance de salut et de préservation, qu'il ait toujours une valeur pragmatique de protection ou de défense. La mythologie est au-delà (ou en deçà, comme on voudra) de la force qui pousse l'être à persévérer dans son être, au-delà de l'instinct de conservation. L'utilitarisme de principe ou plus exactement l'hypothèse d'une finalité utilitaire dans les phénomènes de la vie est le fait du rationalisme.

---

1. H. Bergson, *Les Deux Sources de la morale et de la religion*, Paris, 1932, p. 110 et suiv. Il est à peine besoin de rappeler que pour M. Bergson, toute la différence vient du fait que l'homme est régi par l'intelligence et l'insecte par l'instinct, ce qui revient à dire, selon lui, « que ce sont les actions qui sont préformées dans la nature de l'insecte, et que c'est la fonction seulement qui l'est chez l'homme ». *Ibid*, p. 110.

Or celui-ci n'a pas encore, qu'on sache, résorbé la mythologie et il *ne pourra le faire qu'en cédant du terrain*, soit par métamorphose, soit par extension, en vertu de l'équilibre osmotique, qui, comme je l'ai déjà signalé, tend toujours à s'établir entre l'expliquant et l'expliqué[1]. Les mythes ne sont nullement des garde-fous installés aux tournants dangereux en vue de prolonger l'existence de l'individu ou de l'espèce[2]. Pour faire appel au témoignage d'un homme à qui l'on ne refusera pas quelque connaissance précise (philologique) de la mythologie, on se souviendra que *l'orgiastische Selbstvernichtung* de Nietzsche suppose toute une gamme d'exigences dirigées en sens très exactement inverse. On est loin en tout cas du trop célèbre instinct de conservation.

Ceci dit, c'est-à-dire étant mis au point les rapports généraux des déterminations fondamentales de la mythologie, il convient d'étudier sa structure. On constate alors deux systèmes

1. Naturellement, cette tranformation, cette adaptation, ne fera pas cesser le rationalisme d'être le rationalisme et de s'opposer comme tel à un certain nombre d'attitudes, car il n'abandonnera rien de ses postulats fondamentaux : déterminisme, systématisation interne, principe d'économie, interdiction de recours de toute extériorité, etc... L'utilitarisme est beaucoup plus le fait du positivisme que du rationalisme et celui-ci ne pourrait que gagner à l'exclure de son axiomatique. Aussi bien l'effort de la science est-il dirigé vers l'élimination de toute explication finale.

2. Il existe au contraire des instincts nuisibles à l'individu et même à l'espèce, tels ceux de certains genres de fourmis qui nourrissent des parasites qui causent leur perte. Cf. les articles de H. Pieron, « Les instincts nuisibles à l'espèce devant les théories transformistes », *Scientia*, IX (1911), p. 199 et suiv.; « Les problèmes actuels de l'instinct », *Revue philosophique*, 1908, p. 329-369; *Bulletins et Mémoires de la Société d'anthropologie*, 1908, 4, p. 503-539. On trouvera un exposé critique de la question et sa bibliographie dans l'ouvrage classique de W. Morton Wheeler, *Les Sociétés d'insectes*, Paris, 1926.

d'affabulations : *une sorte de concentration verticale et une sorte de concentration horizontale* (s'il
ne paraît pas trop audacieux de définir cet état
de fait par une métaphore empruntée au vocabulaire de l'économie), trames complémentaires
dont les interférences sont relativement libres, je
veux dire : anecdotiques, puisqu'elles ne paraissent dépendre que des déterminations externes
(historiques) de la mythologie et non de ses
nécessités internes (psychologiques). Ainsi expli-
querait-on qu'un thème mythique ne soit jamais
l'apanage exclusif d'un héros, que les rapports
des uns et des autres soient au contraire des plus
interchangeables.

On peut donc distinguer *la mythologie des
situations et celle des héros.* Les situations mythiques peuvent alors être interprétées comme la
projection de conflits psychologiques (ceux-ci
recouvrant le plus souvent les complexes de la
psychanalyse) et le héros comme celle de l'individu lui-même : *image idéale de compensation qui
colore de grandeur son âme humiliée.* L'individu,
en effet, apparaît en proie à des conflits psychologiques qui naturellement varient (plus ou
moins selon leur nature respective) avec la civilisation et le type de société auxquels il appartient. De ces conflits, il est le plus souvent
inconscient, étant donné qu'ils sont très généralement le fait de la structure sociale elle-même et
le résultat de la contrainte qu'elle fait peser sur
ses désirs élémentaires. Pour la même raison et
plus gravement, l'individu est dans l'impossibilité
de sortir de ces conflits, car il ne pourrait le faire
que par un acte condamné par la société et, par

conséquent, par lui-même dont la conscience est fortement empreinte et, en quelque sorte, garante des interdictions sociales. *Le résultat est qu'il est paralysé devant l'acte tabou et qu'il va en confier l'exécution au héros.*

Avant d'en venir à cet aspect de la question, il importe de montrer par des exemples qu'il n'est pas impossible, tant s'en faut, de ramener aussi bien les motifs des contes du folklore que les thèmes mythiques proprement dits à des *situations dramatiques* dont le caractère essentiel est *de concrétiser dans un monde spécifique certaines cristallisations de virtualités psychologiques* : la situation d'Œdipe meurtrier de son père et époux de sa mère, celle d'Héraklès aux pieds d'Omphale, de Polycrate jetant son anneau à la mer pour conjurer les dangers de l'excès de bonheur, d'Abraham, de Jephté et d'Agamemnon, rois sacrifiant leur descendance, de Pandore, femme artificielle et *Giftmädchen*, les concepts mêmes d'ὕβρις et de νέμεσις dont le rôle est si considérable en mythologie[1], en offrent du moins des modèles immédiats.

Il est temps alors de donner tout son sens à la notion de héros : au fond elle est impliquée dans l'existence même des situations mythiques. *Le héros est par définition celui qui trouve à celles-ci une solution, une issue heureuse ou malheureuse.* C'est que l'individu souffre avant tout de ne jamais sortir du conflit auquel il est en proie.

---

1. Pas seulement en mythologie grecque : ces deux concepts complémentaires semblent dessiner la constellation centrale de toute psychologie mythique.

Toute solution, même violente, même dangereuse, lui apparaît désirable : mais les prohibitions sociales la lui rendent impossible psychologiquement plus encore que matériellement. Il
délègue donc le héros à sa place : et celui-ci, par
nature, est ainsi celui qui viole les prohibitions.
Humain, il serait coupable, et, mythique, il ne
cesse pas de l'être : il reste souillé de son acte, et
la purification, si elle est nécessaire, n'est jamais
complète. *Mais à la lumière spéciale du mythe, la
grandeur*[1], *il apparaît justifié inconditionnelle-
ment*. Le héros est donc celui qui résout le conflit
où l'individu se débat : d'où son droit supérieur
non pas tant au crime qu'*à la culpabilité*, la
fonction de cette culpabilité idéale étant de flat-
ter[2] l'individu qui la désire sans pouvoir l'assumer.

Mais l'individu ne peut toujours se contenter
d'une flatterie, il lui faut l'acte, c'est-à-dire qu'il ne
saurait éternellement s'en tenir à une identification
virtuelle au héros, à une satisfaction idéale. Il exige
encore l'identification réelle, la satisfaction de fait.
Aussi le mythe apparaît-il le plus souvent doublé
d'un rite, car si la violation de l'interdiction est
nécessaire, elle n'est possible que dans l'atmosphère
mythique, et le rite y introduit l'individu. On saisit

---

1. Sur les relations du mythe et du concept de grandeur, cf.
R. Kassner, *Les Eléments de la grandeur humaine*, trad. franc., Paris,
1931, p. 92 et suiv. L'idée essentielle est que la grandeur doit se définir
comme possédant un pouvoir de transmutation en matière éthique.
Quand elle affecte la culpabilité, celle-ci demeure culpabilité, mais
apparaît supérieure au principe en vertu de quoi elle est culpabilité.
De ce point de vue (qui n'est d'ailleurs pas celui de Kassner) la
grandeur est certainement la finalité du mythe.
2. Elle flatte plutôt qu'elle ne purifie : la καθαρσις aristotélicienne
est une notion nettement trop optimiste.

ici l'essence même de la fête : *c'est un excès permis*[1]
par lequel l'individu se trouve dramatisé et devient
ainsi le héros, le rite réalise le mythe et permet
de le vivre. C'est pourquoi on les trouve si souvent liés : à vrai dire, leur union est indissoluble
et, de fait, leur divorce a toujours été la cause
de leur décadence. A l'écart du rite, le mythe
perd sinon sa raison d'être, du moins le meilleur
de sa puissance d'exaltation : sa capacité d'être
vécu. Il n'est plus déjà que littérature, comme la
majeure partie de la mythologie grecque à l'époque classique, telle que les poètes l'ont transmise,
irrémédiablement falsifiée et normalisée.

Cependant les rapports de la littérature et de
la mythologie ne peuvent apparaître sous leur
jour véritable que si l'on a d'abord précisé la
fonction de celle-ci : car enfin, si la mythologie
n'est *prenante* pour l'homme que dans la mesure
où elle exprime des conflits psychologiques de
structure individuelle ou sociale et leur donne
une solution idéale, on voit mal pourquoi ces
conflits n'auraient pas revêtu immédiatement le

---

1. Ce caractère de la fête et du rite est depuis longtemps reconnu.
Freud ne fait que reprendre une définition classique quand il écrit :
« Une fête est un excès permis, voire ordonné, une violation solennelle d'une prohibition. Ce n'est pas parce qu'ils se trouvent, en vertu
d'une prescription, joyeusement disposés que les hommes commet-
tent des excès : l'excès fait partie de la nature même de la fête. »
Totem et Tabou, trad. franç., Paris, 1924, p. 194. Actuellement tous les
mouvements qui manifestent des caractères mythologiques présentent une véritable hypertrophie de cette fonction de fête ou de rite :
ainsi le mouvement hitlérien et Le Ku-Klux-Klan, où les rites de
punition sont nettement destinés à donner aux membres « cette
ivresse brève qu'un homme inférieur ne peut dissimuler quand il se
sent pour quelques instants détenteur de puissance et créateur de
peur ». Cf. John Moffatt Mecklin, *Le Ku-Klux-Klan*, trad. franç., Paris,
1934. D'autre part, il est hors de doute que la représentation d'un
« Invisible Empire qui voit tout et entend tout », qui a servi de base à
l'action et à l'extension du Ku-Klux-Klan, est nettement mythologique.

langage psychologique qui est le leur, au lieu
d'emprunter le décor – doit-on dire l'hypocrisie ?
– de l'affabulation. Il ne servirait de rien de faire
intervenir un concept comme celui de pensée
prélogique, car c'est précisément l'antériorité
que ce terme implique qu'il faut ici justifier. Il est
également bien difficile de se satisfaire de ce
prétendu besoin de fantaisie, de rêverie ou de
poésie qu'on attribue bénévolement à l'homme,
mais dont les uns se passent fort bien et qui est
chez les autres le fait d'une faiblesse ou la rançon
d'une force. Quant à croire que la nécessité de
l'affabulation vient de la « censure », ce n'est pas
moins malaisé, *car il y a peu d'exemples que l'idée
ait été plus funeste que l'image*. La convenance de
l'affabulation semble ainsi devoir être recher-
chée ailleurs : dans ses propriétés mêmes, plus
précisément dans le fait que la plurivocité de la
projection mythique d'un conflit permet une
multiplicité de résonances qui, en le rendant
troublant simultanément sur divers points, fait
de lui ce qu'il apparaît être d'abord : *une puissance d'investissement de la sensibilité*[1].

C'est en ce sens qu'il semble possible de parler
de mythologie interne. Déjà Plutarque paraît
avoir en vue cette conception quand il écrit :
« Et de même que les mathématiciens disent que
l'arc-en-ciel est une image du soleil diversement

---

1. Un de ceux qui ont le plus fait pour rapprocher les mythes et les
rites, et pour les interpréter conjointement à leur lumière réciproque,
G. Dumézil, écrit dans un récent ouvrage : « La vérité, c'est que les
mythes naissent et prospèrent dans des conditions obscures, mais
presque toujours solidaires de rites : des mythes de « monstres en
bande » ont bien des chances d'être nés *avec* des rites de déguisement, un mythe de castration *avec* des castrations rituelles. » *Ouranos-
Varuna*, Paris, 1934, p. 29.

colorée par la réflexion de ses rayons dans la
nue, de même le mythe que je viens de te narrer
est l'image d'une certaine vérité qui réfléchit une
même pensée dans des milieux différents,
comme nous le donnent à entendre ces rites
empreints de deuil et de tristesse apparente, ces
dispositions architecturales des temples dont les
diverses parties tantôt se développent en ailes,
en libres esplanades exposées au grand jour,
tantôt se cachent sous terre, s'étendent dans les
ténèbres et présentent une suite de salles où l'on
habille les dieux, rappelant à la fois des cases et
des tombeaux[1]. » Une certaine vérité qui réfléchit une même pensée *dans des milieux différents* : il semble bien en effet que la syntaxe de la
mythologie comporte une organisation perspective à travers divers niveaux de l'affectivité.
L'analyse du *complexe de midi*, où la stratification
est très nette, dépose particulièrement en ce
sens : abandon de l'action et de la volonté sous la
chaleur de midi, sommeil des sens et de la
conscience, agression érotique des succubes, passivité généralisée et ennui de la vie (*acedia*),
cependant que les fantômes ont soif du sang des
vivants au moment où la diminution de l'ombre
les leur livre, à l'heure des spectres quand l'astre
au zénith recouvre la nature de la marée haute
de la mort[2].

1. *Isis et Osiris*, § 20, trad. Mario Meunier.
2. Voir sur ce sujet mes études publiées dans la *Revue de l'histoire
des religions* (mars-déc. 1937) et la *Revue des études slaves* (1936-37). De
même on peut dire que A.-W. Schlegel analyse la surdétermination
mythique du Nord quand il y voit l'image du mieux et de l'immobilité,
de l'étoile fixe, de la direction de l'aiguille aimantée, de l'immortalité,
de l'identité et de la connaissance de soi. On trouvera également un
exemple très fouillé d'analyse de surdéterminations dans l'étude de

Telle est une première dialectique des répercussions de la situation mythique : *dialectique
d'aggravation affective de la donnée*. Une seconde
est une *dialectique d'interférence* : il est rare en
effet qu'une situation mythique n'en recouvre
pas partiellement une ou plusieurs autres : ainsi,
dans l'exemple précédent, le complexe de midi
aboutit au fait du vampirisme et d'autre part aux
démons de la végétation[1], de même le thème de
la *Giftmädchen* se trouve lié à celui de la boisson
d'immortalité[2] et le complexe de Polycrate à
celui d'Œdipe[3]. Il appartient alors au compara-
tisme de faire la discrimination des cas où le
rapport de ces thèmes est anecdotique (déterminé par les circonstances extérieures) et de
ceux où il est le fait de la mythologie interne, car
on ne peut concevoir qu'un lien qui se révèle
constant à travers différentes civilisations, soit le
résultat de l'action de leur structure sur l'imagination individuelle.

J. Hubaux et M. Leroy sur le monde d'évocations émouvantes
qu'éveillait pour les anciens la promesse par Virgile dans la 4e églogue
de la croissance abondante du Cinnamome; thème du phœnix et de la
résurrection, légendes exotiques sur la récolte du produit au moyen
de flèches plombées ou de quartiers de viande qui font choir les nids
des oiseaux qui le recueillent, naissance dans les replis du sol au
milieu d'invincibles serpents, lien avec les cycles d'Alexandre et de
Bacchus, etc... *Cf. Mélanges Bidez*, t. I, p. 505-530, Bruxelles, 1934.
« Vulgo nascetur amomum. »
   1. Car la terre d'où sort la végétation est aussi le séjour des morts.
« Tout ce qui vit est sorti d'elle et tout ce qui meurt y retourne; elle
est la terre nourricière; elle est aussi le tombeau des hommes. Il est
donc assez naturel que les divinités chthoniennes, qui président à
l'agriculture, règnent aussi sur les morts. » H. Weil, *Journal des
savants*, 1895, p. 305. Midi, heure des morts, doit être aussi celle des
démons de la végétation.
   2. Cf. G. Dumézil, *Le Festin d'immortalité*, Paris, 1924.
   3. Cf. P. Saintyves, *Essais de folklore biblique*, Paris, 1923, p. 377-381,
ch. VIII. « L'anneau de Polycrate et le statère dans la bouche du
poisson ».

De la sorte, l'étude de la mythologie peut devenir un procédé de prospection psychologique. En effet, la raison suffisante du mythe se trouve dans sa surdétermination, c'est-à-dire dans le fait qu'il est un nœud de procès psychologiques dont la coïncidence ne saurait être ni fortuite, ni épisodique ou personnelle (le mythe alors ne réussirait pas en tant que tel et ne serait qu'un *Märchen*[1]), ni artificielle (les déterminations seraient tout à fait différentes, les caractères le seraient par conséquent aussi et par conséquent la fonction[2]). On peut alors retrouver la trame de leur organisation et par cette voie – plus valablement que la psychanalyse ne l'a fait – les déterminations inconscientes de l'affectivité humaine, sur lesquelles d'autre part la biologie comparée doit apporter les plus précieux recoupements, étant donné que la représentation remplace en de certains cas l'instinct et que le comportement réel d'une espèce animale peut éclairer les virtualités psychologiques de l'homme.

Si l'on n'attend pas de l'étude des mythes la détermination de ces virtualités instinctives ou psychologiques, il ne sert de rien de l'entreprendre, car il est certainement des disciplines dont l'intérêt est plus immédiat, et, à coup sûr, rien n'est plus encombrant, peut-être plus funeste,

1. On sait que le *Märchen* a fait l'objet à l'époque romantique en Allemagne de nombreuses théories. On peut le définir comme un produit immédiat (Novalis disait : nécessaire, idéal et prophétique) de l'imagination livrée à elle-même. *Le Serpent vert* de Gœthe, *La Femme sans ombre* d'Hoffmanstahl en sont les exemples les plus connus.
2. On est alors en présence de la *littérature* qui, de ce point de vue, serait une activité se substituant à la mythologie quand celle-ci perd sa nécessité.

qu'une vérité inutile : ce n'est qu'*une* connaissance, c'est-à-dire, tout compte fait, une entrave
d'une gravité particulière à *la* connaissance,
laquelle est totalitaire ou n'est pas.

Il y a plus : ces virtualités instinctives n'ont pas
péri. Persécutées, dépossédées, elles remplissent
encore de conséquences « timides, incomplètes
et rebelles » les imaginations des rêveurs, parfois
les prétoires des tribunaux et les cabanons des
asiles. Elles peuvent, qu'on y songe, poser encore
leur candidature au pouvoir suprême. Elles peuvent même, l'époque s'y prête, l'obtenir. Des
mythes humiliés aux mythes triomphants, la
route est peut-être plus courte qu'on ne l'imagine. Il suffirait de leur socialisation. Au moment
où l'on voit la politique parler si aisément d'expérience vécue et de conception du monde,
mettre à la peine et à l'honneur les violences
affectives fondamentales, recourir enfin aux sym-
boles et aux rites, qui la prétendra impossible?

II

Le mythe et le monde

I

LA MANTE RELIGIEUSE

Le cas échéant, j'insisterai pour ma part autant qu'on voudra sur la fonction et les déterminations sociales des mythes : à peu près tout en eux y ramène. Cependant ces représentations collectives sont privilégiées. Elles apaisent, réconfortent ou se font craindre. Aussi leur action sur l'affectivité, pour être si impérative, s'annonce à quelque degré comme nécessairement médiatisée dans l'individu par une secrète convergence de ses propres postulations.

Or, si peu qu'on s'interroge sur les conditions objectives de la symbolique par exemple, on est amené à prêter la plus grande attention au phénomène de l'*évocation*. Tout se passe en effet comme si certains objets et certaines images bénéficiaient, par suite d'une forme ou d'un contenu particulièrement significatifs, d'une *capacité lyrique* plus nettement marquée qu'à l'ordinaire. Valable très communément, sinon universellement, cette capacité, dans certains cas du moins, semble faire essentiellement partie de l'élément considéré et pouvoir, par conséquent, prétendre autant que lui à l'objectivité.

Il y a profit à partir des données les plus humbles, les plus immédiates. Ainsi, indépendamment de tout mythe et sans préjuger d'eux, il est certain qu'un insecte comme la mante religieuse présente à un rare degré cette capacité objective d'action directe sur l'affectivité : son nom, sa forme, ses mœurs même, dès qu'on les connaît, tout paraît concourir à ce résultat. Il est permis à chacun de se livrer autour de soi à quelque enquête : il est bien rare qu'on trouve quelqu'un qui ne témoigne d'une façon ou d'une autre aucun intérêt pour l'étrange animal[1]. Le fait qui doit retenir l'attention est le suivant : une représentation, une image, agit sur chaque individu séparément, pour ainsi dire, secrètement, chacun demeurant dans l'ignorance des réactions de son voisin. On ne peut invoquer aucun caractère symbolique accrédité qui tirerait l'essentiel de sa signification de son emploi social, et la majeure partie de son efficacité émotionnelle de son rôle dans la collectivité. Cette action élémentaire, spontanée, frappant directement l'attention de l'individu sans l'intermédiaire officieux de la représentation collective, vaut qu'on s'y arrête. L'exemple de la mante religieuse manifeste un phénomène très modeste, mais relativement courant : on aurait tort de le négliger à cause de son aspect fuyant. Il doit en effet aider pour sa part à se représenter ce que peut être la *mythologie à l'état naissant*, avant que les détermi-

1. On trouvera quelques témoignages dans le premier état, très embryonnaire, de ce chapitre dans *Minotaure*, nº 5. MM. Georges Dumézil et Paul Etard, par de très précieuses indications, ont fréquemment contribué à l'enrichissement de cette étude. Je les prie de trouver ici l'insuffisante expression de ma très vive gratitude.

nations sociales n'en aient consolidé la structure.

Le folklore et l'onomastique apportent d'abord
de précieuses indications. Le nom de *mantis*,
prophétesse, que les anciens ont donné à l'animal est déjà significatif. Son apparition annonce-
rait la famine, sa sinistre teinte un malheur à
tous les animaux qu'elle aperçoit. Aristarque, en
effet, rapporte qu'on lui attribuait le mauvais
œil : c'est son regard même qui cause le malheur
de celui qu'elle fixe[1]. On emploie son nom pour
surnommer les gens insolents[2]. A Rome, son
pouvoir magique était très connu : si quelqu'un
tombait malade, on lui disait : « La mante t'a
regardé[3]. » Elle paraît même avoir joué un rôle
religieux défini : elle figure en effet sur une
monnaie proserpinienne de Métaponte[4], à côté
de l'épi sacré des Mystères d'Eleusis. Dioscoride
enfin rapporte qu'on l'utilisait comme médica-
ment[5].

Pour les temps modernes, A. E. Brehm signale
dans son répertoire[6] les trois explications différentes que Thomas Mouffet, naturaliste anglais
du XVIe siècle, a données de l'attribution du nom
de mante à l'insecte considéré : elles n'apportent
rien de nouveau. Ce même Thomas Mouffet,
dans un passage cité par J. H. Fabre[7], rapporte
que « la bestiole est considérée comme si divine

1. *Schol. in Theocr.*, X, 18, Ed. Dübner, 1849, p. 70-71.
2. Suidas, s.v.
3. Cf. S. Seligmann, *Der böse Blick und Verwandtes*, Berlin, 1910, t. I,
p. 135.
4. Otto Keller, *Die antike Tierwelt* Leipzig, 1909-13, t. II, p. 460.
5. *Mat. Méd.*, I, 158.
6. Cf. l'édition française de J. Kunckel d'Herculais chez Baillière.
7. *Souvenirs entomologiques*, t. V, ch. XX.

qu'interrogée par les enfants égarés, elle leur
montre la bonne route en étendant le doigt, les
trompant rarement, sinon jamais[1] ». La même
croyance, de nos jours, est attestée dans le Lan-
guedoc[2]. D'autre part, A. de Chesnel rapporte
que saint François Xavier, selon Nieremberg,
aurait fait chanter un cantique à une mante et
rapporte le cas d'un homme que cet animal
aurait fort opportunément averti de retourner
d'où il venait.

J. H. Fabre[3] dit avoir souvent constaté que le
nid de la mante est considéré en Provence
comme un remède souverain contre les engelu-
res et les maux de dents, à condition qu'il ait été
recueilli au cours de la bonne lune. De son côté,
Sébillot[4] signale que, dans le Mentonnais, il
passe pour guérir les dartres. Parallèlement, la
nomenclature populaire de l'insecte réunie par
E. Rolland[5] est particulièrement intéressante :
quelquefois la mante est appelée *italienne* ou
spectre, et, ce qui semble moins explicable, *fraise*
ou *madeleine*. Plus généralement, une attitude
ambivalente se fait jour : d'une part, l'insecte est
regardé comme sacré, d'où son nom de *prégo-
Diéou* (avec ses variantes, et ses correspondances
à Parme, en Portugal, en Tyrol, en Allemagne et

1. « Tam divina censetur bestiola ut puero interroganti de via,
extento digito rectam monstret, atque raro vel nunquam fallat »,
passage vraisemblablement extrait de son livre intitulé *Insectorum vel
minimorum animalium theatrum* que signalent d'autres auteurs tel
Eugène Rolland, et dont je n'ai pu prendre connaissance.
2. Références dans Sébillot, *Le Folklore de la France*, Paris, 1906,
t. III, p. 323, n. I.
3. J. H. Fabre, *loc. cit.*
4. *Op. cit.*, t. III, p. 330. Sur les mêmes sujets, voir Réguis, *Mat.
Médic.*, p. 32 (cité dans Rolland).
5. *Faune populaire de la France*, Paris, 1911, t. XIII, p. 117.

en Grèce); d'autre part, il est en même temps considéré comme diabolique, comme en fait foi le nom symétrique de *prégo-diablé* qu'on trouve par exemple dans la locution *brassiéja coumo un prégo-diablé*[1] et à quoi il faut rattacher ses appellations de *menteuse* et de *bigote* signalées à Villeneuve-sur-Fère (Aisne).

A considérer maintenant les formulettes dont les enfants usent à l'égard de la mante, on constate deux thèmes principaux : d'abord elle est tenue pour une devineresse[2] qui sait tout et particulièrement où est le loup, ensuite on suppose qu'elle prie parce que sa mère est morte ou noyée. Sur ce dernier point, les témoignages sont unanimes[3]. D'une façon générale, il semble qu'il faille se ranger à l'opinion de De Bomare qui écrit que, dans toute la Provence, la mante est regardée comme sacrée, et qu'on évite de lui causer le moindre dommage.

Il n'en est pas de même en Chine où les habitants élèvent des mantes dans des cages de

1. Cf. *Revue des langues romanes*, 1833, p. 295. Voir ci-dessous un conte boschiman où il est dit inversement de la mante, qu'elle agite les bras comme un homme. La correspondance de l'homme et de l'insecte est si visible que la comparaison a été employée dans les deux sens.

2. C'est la suite exacte de la croyance antique. Les paysans italiens regardent pour leur part la sauterelle comme la devineresse par excellence. (Cf. A. de Gubernatis, *Zoological Mythology*, Londres, 1872, I, VII.) Il est d'ailleurs souvent difficile dans les textes antiques de discerner si le mot de *mantis* désigne la mante ou la sauterelle.

3. Je citerai, d'après Rolland, les plus explicites : Prégo-Diéou, Bernado, – Bestieto segnado – veni près de iéou – que ta mayré es morto – sus un ped de porto – que toun payre es viéou – sus un ped d'ouliéou (*Arles*); Prégo Diéou, marioto, ta may qu'es morto, débat un peu dé porto; te l'an réboundudo débat un ped de brugo (*Gascogne*); Prégo Diéou, Bernado, qué ta mayré s'es négado (*Aude*); Prégo, Bernado, qué Bernat es mort – sus la porto del ort (*Tarn*). Pour le fait que la mante est censée instruite du lieu où se tient le loup, voir A. Van Gennep, *Le Folklore du Dauphiné*, Paris, 1933, t. II, p. 641.

bambou et observent avec passion leurs com-
bats[1]. Chez les Turcs, le caractère sacré de l'insecte reparaît : on considère en effet que ses
pattes sont toujours tournées dans la direction
de La Mecque[2].

Les Roumains connaissent différentes légendes
qui marquent le caractère diabolique de l'insecte,
qu'ils appellent cependant *calugarita*, c'est-à-dire
nonne. On raconte ainsi que pendant les persé-
cutions, les chrétiens – Pierre et les anciens de
l'Eglise – décidèrent de former des femmes
comme missionnaires. Mais pour se protéger
contre le regard des païens, qui aurait causé leur
perte, elles durent se voiler et ne parler en
chemin avec personne. Une de ces femmes, nommée Calugarita, fut abordée par un très bel
homme qui n'était autre que le fils de Satan. Elle
se dévoila le visage et lui parla de l'enseignement
du Christ. Aussitôt le jeune homme se fit invisible et s'enfuit. Pierre, prévenu par un ange, arriva
en hâte et vit la femme dévoilée. Pour la punir, il
la changea en insecte. Elle devint ainsi la Calugarita. Mais en le voyant venir, elle avait voulu
ramener rapidement son voile sur son visage :
aussi, devenue mante, elle a gardé et garde
encore, ses pattes devant sa tête pour la cacher[3].
Certaines variantes montrent mieux encore son
caractère de pécheresse ou ses rapports avec le

1. Coutume rapportée par Kirby. Cf. L. Figuier, *Tableau de la nature,
Les Insectes*, p. 351; Darwin, *La Descendance de l'homme et la sélection
naturelle*, trad. franc., Paris, 1881, p. 318; Westwood, *Modern Classif. of
Insects*, t. I, p. 427.
2. *Musée entomologique illustré, les Insectes*, Paris, 1878.
3. *Natursagen herausgegeben* von Oskar Daehnhardt, Leipzig, 1907-
1912, t. II, p. 192-193. Cf. Marianu, *Insectele în limba, credintele si
obiceiurile Românilor*, Bucuresci, 1903, p. 497.

diable : les chrétiens persécutés par les Tartares ne trouvèrent plus assez de prêtres et choisirent des vierges qui, faisant vœu de chasteté, devaient prier nuit et jour pour la communauté. Une de ces nonnes s'éprit d'un jeune Tartare et l'épousa : mais quand elle engagea sa foi, elle fut changée en mante, devant l'autel même[1]. Suivant une autre version, un empereur mit sa fille au couvent parce qu'elle ne voulait accepter aucun de ses nombreux prétendants. Finalement, il advint qu'elle aima le diable. Les autres nonnes lui infligèrent alors un tel jeûne qu'elle fut réduite à l'état d'insecte[2]. Une légende plus simple rapporte que le diable avait une fille si méchante que lui-même ne pouvait la supporter. Pour l'améliorer, il en fit une religieuse. Mais Dieu ne le souffrit pas et la changea en mante[3].

On voit combien généralement l'insecte a frappé l'imagination populaire. Souvent d'ailleurs la mante joue un rôle plus important encore et occupe une place de premier ordre dans les données religieuses. Ainsi dans le Nord de la Mélanésie, les indigènes de l'île du Duc d'York sont divisés en deux clans, dont l'un reconnaît comme totem *ko gila le*, un insecte mimétique ressemblant à s'y méprendre à la feuille du marronnier, et l'autre, celui des Pikalabas, *Kam*, qui est sans aucun doute, dit Frazer[4], la mante religieuse.

---

1. Marianu, *op. cit.*, p. 500.
2. *Ibid.*, p. 501.
3. *Ibid.*, p. 502.
4. J. G. Frazer, *Totemism and Exogamy*, London, 1910, t. II, p. 120 et suiv. Cf. W. H. Rivers, *The History of Melanesian Society*, Cambridge, 1914, t. II, p. 501.

Cependant les faits africains sont les plus significatifs. Le voyageur Caillaud rapporte qu'une
tribu de l'Afrique centrale adore une variété de
mante[1]. Chez les Bantous, constate Henri-A.
Junod, les mantes sont les orthoptères qui ont le
plus attiré l'attention. On les désigne sous le nom
de *ñwambyebou* (dialecte Djonga) ou de *ñwam-
byeboulane* (dialecte Ronga), littéralement « qui
coupe les cheveux », allusion possible à la forme
de leur pattes antérieures rappelant celle de
ciseaux. Quand de petits bergers rencontrent une
mante dans la brousse, ils arrachent quelques
poils à leur ceinture de peau et les offrent à
l'animal en disant « tiens, grand-père », rite qui
paraît indiquer que le nom de ces insectes est
plus important qu'il semble et ne vient pas
seulement d'une ressemblance morphologique.
D'autre part, qu'il ne soit pratiqué que par
les enfants manifeste une certaine décadence
de la croyance. De fait autrefois, signale encore
Henri-A. Junod, les mantes étaient regardées
comme des dieux-ancêtres – ou, au moins,
comme les émissaires des dieux – et si l'une
d'elles entrait dans une hutte, on la considérait
comme un dieu-ancêtre faisant visite à ses des-
cendants[2]. Chez les Hottentots, d'après Schar-
mann, une autre espèce, la mante heureuse, est
considérée comme divinité suprême. Quand l'insecte se pose sur une personne, celle-ci devient
sacrée[3]. On accomplit des sacrifices en son hon-

1. Cf. Figuier, *op. cit.*, p. 350.
2. Henri-A. Junod, *Mœurs et Coutumes des Bantous*, Paris, 1936, t. II,
p. 290.
3. Figuier, *ibid.*

neur quand il se montre dans un *Kraal*[1]. Un
voyageur rapporte le cas de Hottentots (Khoï-
Khoï) au désespoir à la vue d'un enfant faisant
mine de tuer une de ces bestioles sacrées[2]. De la
même manière qu'en Europe la mante est tantôt
regardée comme divine, tantôt comme diabolique, de même sa signification paraît équivoque
en Afrique australe : divinité bienfaisante selon
Kolbe, de mauvais augure pour La Caille[3]. En
tout cas, chez les Khoï-Khoï, elle porte le nom du
principe mauvais *gaunab*[4]. Mieux encore, Meinhof cite comme exemple de l'interversion des
noms de Dieu et du Diable, la mante, dieu des
Hottentots qui auparavant, d'après son informa-
teur Boschiman, était appelée par eux le diable[5].
Pour les Boschimans d'ailleurs, la divinité suprême, créatrice du monde, n'est autre que la mante
(*Cagn*) dont les amours sont, paraît-il, « plaisantes » et à qui la lune appartient spécialement, car
elle l'a faite de son vieux soulier, ou d'une plume
d'autruche, selon une autre version, et cela dans
des circonstances dramatiques. Il est particulièrement important de noter qu'elle semble avoir

1. *Description du cap de Bonne-Espérance tirée des Mémoires de
M. Pierre Kolbe*, Amsterdam, 1742, p. 209 et suiv. Cf. Quatrefages,
« Croyances et superstitions des Hottentots et des Boschimans »,
Journal des Savants, 1886, p. 283.
2. Cf. Kolbe, p. 212.
3. Cf. Quatrefages, *art. cit.*, p. 283.
4. Hahn, *Tsuni-goam, the suprême Being of the Khoï-Khoï*, p. 42.
5. C. Meinhof, *Archiv für Religionswissenschaft*, XXVIII (1930),
p. 313-316. Compte rendu d'une publication de Miss Dorothea Bleek,
The Mantis and his Friends, Le Cap, 1923; – recueil de contes dont le
titre seul prouve assez l'importance de la mante dans ces régions et
dont j'espère pouvoir donner prochainement une traduction française
précédée d'une mise au point des travaux actuels sur la religion des
différentes populations de l'Afrique du Sud, à la lumière précisément
de la place qu'y tient la mythologie de la mante religieuse.

pour fonction principale de procurer de la nourriture à ceux qui l'implorent[1] et que, d'autre part,
elle a été dévorée et vomie toute vivante par
Kwaï-Hemm, le dieu dévorateur[2]. Ainsi l'accent
paraît bien mis sur le côté digestif, ce qui n'est
pas pour étonner quand on connaît l'incroyable
voracité de l'insecte prototype du dieu. Parmi les
autres avatars de celui-ci, car il meurt et renaît
souvent, il convient de signaler le fait que, tué
par les épines qui, autrefois, étaient des hommes,
et mangé par les fourmis, il ressuscita, ses os
ayant été rassemblés, aventure où la digestion
joue encore un certain rôle et qui le rattache au
très riche cycle mythique du dieu dispersé et
ressuscité du type Osiris. La Mante adorée par
les Boschimans doit en outre être mise en rapport, comme le remarque Lang[3], avec un autre
thème mythique, celui de la « force séparable »
(cf. la mèche de Minos, la chevelure de Samson,
etc.). En effet, elle possède une dent en qui réside
toute sa puissance, et qu'elle prête à ceux qu'il
lui convient. Il semble significatif que, tant en
Provence qu'en Afrique australe, la mante soit
associée aux dents de façon toute particulière.
Cette relation n'est pas seulement explicable à
partir de celle qui existe chez l'insecte entre la
sexualité et la nutrition, et qui peut pourtant
paraître décisive. En effet, c'est un fait

1. Bleek, *A Brief Account of the Bushman Folklore*, Londres, 1875,
p. 68.
2. A. Lang, *Mythes, Cultes et Religion*, trad. franç., Paris, 1896, p. 330.
Voir la prière du chasseur Qing : « O Cagn, ô Cagn, ne sommes-nous
pas vos enfants ? Ne voyez-vous pas notre faim ? Donnez-nous à
manger. »
3. Lang, *op. cit.*, p. 331, n. 1.

aujourd'hui reconnu que les dents jouent un rôle énorme dans les représentations sexuelles. Un rêve de dents arrachées renvoie soit à l'onanisme, soit à la castration, soit à l'accouchement, selon la psychanalyse[1], soit à la mort selon les *Clefs des Songes* populaires. D'autre part, chez les peuplades sauvages précisément, là où les rites d'initiation de la puberté ne comportent pas la circoncision, l'extraction d'une dent en tient souvent la place[2]. Tous ces faits présentent donc entre eux, et, comme on le verra plus loin, avec les mœurs de la mante, une remarquable cohérence.

D'une façon générale, il paraît possible de reconnaître sur toute une partie du continent africain les vestiges d'une sorte de religion, sinon de civilisation, de la mante religieuse, particulièrement bien conservée chez les Boschimans et caractérisée par le culte rendu à cet insecte qu'on identifie au dieu créateur et qu'on tient spécialement comme une sorte de démon de la chasse. Il a joué un rôle considérable dans la genèse de l'espèce humaine et, au moins, lors de l'ère mythique (*Urzeit*), qui a précédé les temps proprement historiques. Ainsi, chez les Boschi-

1. Cf. S. Freud, *La Science des rêves*, trad. Meyerson, Paris, 1926, p. 319 et 346-350, surtout la longue communication d'Otto Rank, citée en note, et les faits de langage et dictons qui y sont mis à contribution. Parallèlement d'ailleurs les données de la mythographie montrent que les dents sont assimilées à l'ensemble ou à l'essentiel de la personnalité (Cf. J. G. Frazer, *Le Rameau d'or*, trad. Stiebel et Toutain, Paris, 1903, t. I, p. 50-55). On constate donc entre les deux ordres de recherches la convergence qu'on pouvait attendre.
2. Cf. Van Gennep, *Les Rites de passage*, Paris, p. 103 : « Couper le prépuce équivaut exactement à faire sauter une dent (Australie), à couper la dernière phalange du petit doigt (Afrique du Sud), etc. » Il faut noter à ce sujet que précisément la petite fille de la mante est, chez les Boschimans, *le petit doigt*.

mans du Sud, la mante est considérée comme un
« homme de l'ancienne race »[1]. Il a donné aux
animaux sauvages leurs couleurs et leurs noms,
c'est-à-dire qu'il les a créés, puisque, dans la
pensée primitive, *donner un nom* est équivalent à
créer. Sous sa forme animale, le dieu sert à la
divination[2] et, dès sa vie mythique, il prévoyait
l'avenir, le temps où il deviendrait insecte : il
rêvait et ce qu'il rêvait devenait réalité[3]. La
conception dépasse l'Afrique Australe : chez les
Lunda de la Rhodésie du Nord-Ouest, de l'Angola
et du Congo Belge, la mante est appelée du nom
de *Nsambi*, qui désigne les différentes divinités[4].
Chez les Banda, la mante, nommée *Etere*, est
l'héroïne de très nombreux contes. A l'origine,
elle se confondait avec *Tere*[5], personnage mythique qui, dans les croyances de ces populations,
participe de très près à la création malgré son
caractère espiègle, et se trouve en constant rapport avec le dieu proprement créateur *Ivoro*

1. Cf. D. Bleek, *Africa*, 1929, II, 3. Voir le conte boschiman rapporté
ci-dessous et la note qui s'y rapporte.
2. Cf. Hermann Baumann, *Schöpfung und Urzeit des Menschen im
Mythus der Afrikanischen Völker*, Berlin, 1936, p. 7, 9, 18-20. On consul-
tera avec fruit le tableau de la page 16 sur les relations si embrouillées
des dieux et démons des différentes populations de l'Afrique Australe.
L'article de P. W. Schmidt « Zur Erforschung der alten Bushmann-
Religion », *Africa*, II, (1929), 2, p. 291-301, est discutable, mais montre
bien la complexité de la question. Je n'ai pu ici que souligner çà et là
dans des notes des faits qu'il faudrait systématiser.
3. Cf. D. Bleek, *art. cit.*, p. 305.
4. Buchner, *Ausland*, 1883, p. 109. Cf. Baumann, *op. cit.*, p. 106.
5. La similitude de leurs noms est déjà un argument pour conclure
à leur identité primitive (cf. Tisserant, *Essai sur la grammaire Banda*,
Paris, 1930, p. 432). Baumann remarque que la mante a sans doute
avec le héros *Tere*, chez les Banda, les mêmes rapports qu'avec
Kaggen chez les Boschimans. Miss Bleek, de fait, insiste constamment
sur le caractère maladroit, stupide et querelleur de la mante des
Boschimans (cf. *art. cit.*, p. 305).

(Eyi-vo-re : celui qui a commencé les choses)[1]. Hermann Baumann est ainsi conduit à définir dans l'ensemble des mythes africains la figure d'un démiurge guérisseur, démon de la campagne et du maquis, qui trouve habituellement sa matérialisation concrète dans la mante : c'est, au premier plan, *Kaggen* des Boschimans, *Nava*, des Khun, *Gamab*, des Heikom et des Bergdama, *Hise* des Naron, *Huwe* des Khun de l'Angola, mais il faut aussi mentionner comme leur étant étroitement apparentés *Tule* chez les Azande, *Tere* chez les Banda, *Mba* chez les Babua, *Nvene* chez les Mogwandi, *Azapane* chez les Mangbetou et *Leh* chez les Barambo, participant dans une mesure variable de deux types extrêmes particulièrement nets : *Kaggen*, la mante adorée chez les Boschimans et *Ananse*, l'araignée divine des Aschanti, à l'ouest du Soudan[2].

Ainsi, il semble bien que les hommes aient été généralement impressionnés par cet insecte. Sans doute est-ce là le fait d'une obscure identification facilitée par son aspect remarquablement anthropomorphe. L'aspect anthropomorphique d'un élément paraît en effet une source infaillible de son emprise sur l'affectivité humaine. Ainsi en va-t-il par exemple des vampires et des mandragores, et des légendes qui y sont relatives[3]. Or la mante ne rappelle pas seulement

1. Baumann, *op. cit.*, p. 124.
2. *Ibid.* p. 178 et suiv.; 193. Il convient de remarquer que la mante et l'araignée ont, de fait, les mêmes mœurs sexuelles (cf. *infra*).
3. Ce n'est nullement par hasard, à mon avis, que les croyances aux spectres suceurs de sang utilisent comme support naturel une sorte de chauve-souris. De fait, l'anthropomorphisme de cette dernière est particulièrement profond et dépasse de beaucoup le stade de l'identité générale de structure (présence de véritables mains avec pouce

la forme humaine par son aspect général, mais, seule des insectes avec les larves d'odonates, elle a comme l'homme la faculté de tourner la tête pour suivre des yeux ce qui a fixé son attention[1]. Il n'en faut peut-être pas plus pour expliquer l'attribution du mauvais œil à ces bestioles. Les autres ne peuvent que voir, celles-ci peuvent regarder[2].

Le phénomène, il est vrai, est plus général : il convient donc d'étudier l'insecte de près et d'examiner les raisons qui ont pu le rendre si attachant.

La famille des Mantidés, si l'on s'en tient à la classification publiée en 1839 par Audinet-Serville[3] suit celle des Blattaires, et précède celle des Phasmides ou Spectres. Elle comprend quatorze genres dont le onzième est celui des mantes proprement dites : on y distingue les mantes desséchée, superstitieuse, herbacée, la mante reuillebrune, la mante large-appendice (*Mantis latistylus*), les mantes sublobée, flavipenne, et

opposable aux autres doigts, mamelles pectorales, flux menstruel périodique, pénis libre et pendant). Quant à la mandragore (*Atropa Mandragora*) Théophraste l'appelle déjà ἀνθρωπόμορφαν et Columelle *semi-homo*. Ses remarquables qualités vénéneuses, soporifiques, etc., sa propriété d'être un antidote efficace contre le venin des serpents ont fait le reste. Voir d'intéressantes citations dans Gustave le Rouge, *La Mandragore Magique* (téraphin, golem, androïdes, homoncules), Paris, 1912.

1. J. Rostand, *La Vie des libellules*, Paris, 1935, p. 148, n. 1. Cf. J. H. Fabre, *op. cit.*, t. V, p. 288 : « Seule parmi les insectes, la Mante dirige son regard; elle inspecte, elle examine, elle a presque une physionomie. »

2. Seligmann (*op. cit.*, t. II, p. 469) voit l'origine de l'attribution du mauvais œil à la mante religieuse dans l'attitude dite spectrale qu'elle prend en chasse. Le phénomène me paraît trop difficilement observable pour être considéré comme la source d'une croyance si répandue.

3. *Histoire naturelle des insectes : orthoptères*, par Audinet-Serville (De Roret, 1839), p. 133-214.

mouchetée, la mante lune, la mante simulacre, les mantes patellifère, pustulée, voisine et variée, la mante à deux mamelons (*Mantis bipapilla*), la mante col-étendu, les mantes cuticulaire, éclaboussée, salie (*inquinata*) et gazée, la mante pieds-velus, les mantes ornée, pieuse, religieuse, prasine, prêcheuse et vitrée, la mante à ceinture, la phryganoïde, l'annulipède, la multistriée, la décolorée, la mante sœur, l'agréable, la mante bleu-d'acier (*Mantis chalybea*), la mante hanches-rouges (*Mantis rubocoxata*), la mante nébuleuse, et enfin, la mante claire et la mante de Madagascar.

Cette nomenclature est loin d'être inutile. Le moins qu'on en puisse dire est qu'on y rencontre relativement peu d'épithètes rappelant en termes techniques la caractéristique de la variété, et qu'on en chercherait en vain un seul (à part le dernier) spécifiant l'endroit où l'insecte est abondant, ou le nom de l'entomologiste qui le découvrit, comme il est d'usage fréquent dans les sciences naturelles. Il faut le constater : en majeure partie, ces qualificatifs renvoient purement et simplement à l'imagination. Or il est à noter que ceux qui ont étudié la mante, entomologistes amateurs ou savants professionnels, paraissent s'être généralement assez mal gardés, en décrivant les mœurs de l'insecte, d'une émotion peu compatible avec la sèche objectivité qu'on attend communément de la recherche scientifique. C'est au point qu'il serait intéressant de faire une anthologie de ces descriptions : pour une fois, celle de J. H. Fabre ne serait peut-être pas la plus lyrique. Je m'en tiendrai aux exemples les plus récents : M. Léon Binet, pro-

fesseur de physiologie à la Faculté de Médecine
de Paris, dans une remarquable monographie de
la mante religieuse [1], que je mettrai largement à
contribution dans la suite, traite celle-ci d'amou-
reuse meurtrière et se permet à son sujet une
citation littéraire que le détachement habituel de
l'homme de science ne faisait pas prévoir : « Elle
épuise, elle tue, et n'en est que plus belle [2]. »
M. Marcel Roland, dans une étude d'ailleurs sans
valeur et mal informée, sur celle qu'il appelle
« le félin des insectes [3] », va plus loin. « Je dirai
plus tard, annonce-t-il, comment la mante dévore
ses proies, mais ce drame, dans le mystère d'une
haie en apparence si tranquille, fut pour moi la
première révélation de l'Inexorable. J'apprenais
cette loi terrible de la force, qui régit le monde,
etc. » Les antennes de la mante lui semblent de
« vraies cornes de Méphisto »; l'insecte lui-même
a « quelque chose de diabolique ». Après avoir
cité le cas d'un inspecteur des Eaux et Forêts de
ses amis, qui passe de longues heures à guetter
de la part des mantes un signe de compréhension,
de correspondance, de pénétration [4], il avoue
en terminant penser, chaque fois qu'il aperçoit
cet animal, au chant du poète hindou (?) :

*L'âme qui se cache sous l'enveloppe d'un ver de
terre*

   *est aussi resplendissante que celle d'une prin-
cesse royale.*

1. Léon Binet, *La Vie de la mante religieuse*, Paris, 1931.
2. Alfred de Musset, *La Coupe et les Lèvres*, IV, 1; Binet, *op. cit.*, p. 54,
à propos d'une citation de Fabre.
3. Marcel Roland, « Le félin des insectes : la mante », *La Grande
Revue*, août 1935, p. 191. et suiv.
4. *Ibid.*, p. 201.

On sait assez que les mœurs des mantidés fournissent au moins le prétexte à un intérêt si vivement exprimé : la femelle dévore le mâle pendant ou après l'accouplement. Aussi les naturalistes distinguent-ils chez la mante religieuse la forme extrême de l'étroite connexion qui semble assez souvent unir la volupté sexuelle et la volupté nutritive. Il faut au moins à ce sujet citer, après Léon Binet, les études de Bristowe et Locket[1] sur le *Pisaura mirabilis cl.*, dont la femelle mange pendant le coït une mouche offerte par le mâle; celles de Hancock et von Engelhartd[2] sur l'*Oecantus niveux* qui possède sur le métathorax une glande dont le contenu est absorbé par la femelle immédiatement avant l'accouplement, particularité partagée par une blatte, la *Phyllodromia germanica*; celles de Stitz[3] sur la mouche-scorpion qui mange pendant le coït des globules de salive que lui a préparés le mâle, alors que la femelle du *Cardiacephala myrmex* se nourrit dans les mêmes circonstances d'aliments régurgités par le sien, qui souvent les lui offre de bouche à bouche, et que celle du dectique à front blanc, ouvrant le ventre de son compagnon, en extrait la poche spermatique et la dévore[4].

On sait depuis longtemps que la mante ne se

1. W.S. Bristowe et G. H. Locket, *The Courtship of British Lycosid Spiders, and Its Probable Significance.* Proc. Zool. Soc., Londres, 1926.
2. Cf. B. B. Fulton, *The Tree-Crickets of New York : Life, history, and Bionomics*, 1915.
3. Cf. O. W. Richards, *Sexual Selection and Other Problems of the Insects*, Biol. Review, 2, 1927.
4. William Morton Wheeler, *Courtship of the Calobalas. She kelep ant and the courtship of its Mimic Cardiacephala myrmex*, Journal of Heredity, XV, (1924), p. 845.

contente pas de ces demi-mesures. En 1784, en effet, J.L.M. Poiret, dans le *Journal de physique*, communique l'observation qu'il a faite d'une mante décapitant son mâle avant de s'accoupler avec lui, et le dévorant entièrement après le *copula*. Ce récit a été corroboré avec force détails aggravants par un récent et dramatique compte rendu de Raphaël Dubois. On avait d'abord pensé avec Paul Portier[1] que ce cannibalisme s'expliquait par le fait que la mante, ayant besoin de matières albuminoïdes et protéiques pour la fabrication de ses œufs, ne pouvait les trouver nulle part en plus grande quantité que dans sa propre espèce. Cette hypothèse s'est vu opposer les objections d'E. Rabaud qui remarque surtout que la mante ne mange pas le mâle au moment où elle a besoin de cette nourriture. Aussi se rallie-t-on de préférence à la théorie de Raphaël Dubois[2] qui d'ailleurs, me semble-t-il, n'exclut pas la précédente : ce naturaliste remarque que le criquet décapité[3] exécute mieux et plus long-temps les mouvements réflexes et spasmodiques qu'on provoque chez lui, et, se référant aux travaux de F. Goltz et H. Busquet suivant les-quels il suffit d'enlever les centres supérieurs aux grenouilles pour qu'elles se mettent aussitôt dans l'attitude du *copula* qu'elles ne prennent normalement qu'au printemps, se demande si la mante, en décapitant le mâle avant l'accouple-

---

1. *Comptes rendus de la Société de biologie*, t. LXXXII, 1919, avec observations critiques de Rabaud.
2. R. Dubois, *Sur les réflexes associés chez la mante religieuse*, C.R. de la Soc. de Biol., 1929.
3. Voir les expériences de Daniel Auger et Alfred Fessard. Cf. Léon Binet, *op. cit.*, p. 42.

ment, n'aurait pas pour but d'obtenir, par l'ablation des centres inhibiteurs du cerveau, une
meilleure et plus longue exécution des mouvements spasmodiques du coït. Si bien qu'en dernière analyse, ce serait le principe du plaisir qui
lui commanderait le meurtre de son amant, dont,
par surcroît, elle commence d'absorber le corps
pendant l'acte même de l'amour[1].

Il faut donc constater que chez de multiples
animaux, il existe une conjonction plus ou moins
poussée, entre la nutrition et la sexualité. Non
seulement la femelle se nourrit pendant le coït,
mais elle tire sa nourriture du corps même du
mâle, soit en le dévorant, soit en absorbant le
contenu d'une glande spéciale. Au bas de
l'échelle des êtres vivants, chez les protozoaires,
au cours des rapports sexuels, l'un des organismes absorbe complètement l'autre. Il s'agit donc
d'un phénomène de caractère primitif. Chez la
mante il prend un aspect particulièrement dramatique, du fait qu'il faut, en fin de compte, le
rapporter au principe du plaisir. Cette observation est d'une importance toute spéciale, car elle
vient corroborer la thèse de Kiernan, selon
laquelle il faut regarder le sadisme « comme la
forme humaine anormale de phénomènes qu'on

1. On peut voir un document photographique représentant ce
coït-repas dans J. H. Fabre, *loc. cit.* Pour la discussion détaillée du
phénomène, voir Léon Binet, *op. cit.*, p. 43-55. Je signale de plus pour
mémoire l'opinion de Remy de Gourmont suivant lequel le cannibalisme de la femelle s'expliquerait par le seul fait que le mâle est une
proie exténuée et, par conséquent, sans défense (*Promenades philosophiques*, 2e série, p. 293) et, à titre d'amusement, celle du colonel
Godchot pour qui il s'agit d'une manifestation de jalousie à l'égard du
mâle : « la femelle ne veut pas qu'il se donne à une autre » (cf. Marcel
Roland, *art. cit.*, p. 201).

peut trouver au premier début de la vie animale, comme la survivance ou le retour atavique d'un cannibalisme sexuel primitif »[1]. De ce point de vue, il ne serait pas indifférent d'insister sur l'ancienneté exceptionnelle des mantidés, qui sont probablement parmi les premiers insectes apparus sur le globe : en effet la *Mantis protogea* dont on a trouvé l'empreinte fossile dans le myocène d'Oeningen, rentre dans le groupe des *Palaeodictyoptera* définis par Scudder et dont les traces sont patentes dès l'époque carbonifère.

Le fait est que la conduite de la mante trouve si bien place dans la nature qu'à son endroit, l'imagination promet quand l'observation ne donne pas : les anciens considéraient ainsi que, mue par « la douceur de la volupté »[2], la vipère femelle rongeait la tête du mâle pendant leur accouplement. Avec le temps, d'ailleurs, cette croyance s'aggrava et au Moyen Age Brunetto Latini, qui fut le maître de Dante, écrit que la vipère tranche la tête du mâle au moment de l'orgasme[3]. Chez l'homme, à divers degrés, se laissent constater des imaginations, où il est aisé d'apercevoir comme la survivance ou le pressentiment de semblables drames : *phantasmes*

1. Havelock Ellis, *Etudes de Psychologie sexuelle*, t. III, *L'Impulsion sexuelle*, trad. franç., Paris, 1911, p. 199, n. 1. Cf. Kiernan, « Psychological Aspects of the sexual Appetite », *Alienist and Neurologist*, avril 1891, « Responsability in Sexual Perversion », *Chicago Medical Recorder*, mars 1892.
2. Pline, Hist. Nat., X, LXXXII : « Viperae mas caput inserit in os, quod illa abrodit voluptatis dulcedine ». Cf. Lacépède, *Histoire naturelle des serpents*, p. 35.
3. *Le Livre du trésor* de Brunet Latin, cité dans Ch.-V. Langlois, *La Connaissance de la nature et du monde au Moyen Age*, Paris, 1911, p. 369 et suiv.

répondant aux comportements d'autres espèces vivantes[1].

C'est d'abord que la connexion de la sexualité et de la nutrition est fondamentalement biologique. Il faudrait en premier lieu faire état du processus de différenciation embryogénique des fonctions de conservation (nutrition) et de reproduction (sexualité), et de leurs organes respectifs, mais l'interprétation en est encore trop sujette à caution. Il n'importe, il reste en effet assez de *faits massifs* : d'abord, l'être pendant le temps de la gestation, le premier de son existence, vit en parasite dans le sein de sa mère, se nourrit de sa substance et, une fois né, en tétant, tire encore de la femme sa nourriture. Or, l'analogie de la tétée avec l'acte sexuel est plus profonde qu'il ne semble : il s'agit en effet dans les deux cas d'un phénomène de *détumescence.* « La mamelle gonflée, écrit Havelock Ellis, correspond au pénis en érection, la bouche avide et humide de l'enfant correspond au vagin palpitant et humide, le lait vital et albumineux représente la semence également vitale et albumineuse. La satisfaction mutuelle, complète, physique et psychique de la mère et de l'enfant, par le transport de l'une sur l'autre d'un liquide organique précieux est une analogie physiologique véritable avec la relation

1. Dans la littérature érotique, il faut en particulier faire place aux épisodes où le Marquis de Sade associe la satisfaction sexuelle à la décapitation du ou de la partenaire pendant l'acte. Voir en particulier le personnage de lady Clairwil dans *La Nouvelle Justine* qui voudrait immoler tous ceux dont elle est la maîtresse (Ed. orig., 1797, t. VI, p. 114) et qui pratique, entre autres choses, le cannibalisme sur ses amants (*ibid.* p. 279; t. VII, p. 70-72; t. IX, p. 225, 297). Je dois ces références à M. Maurice Heine qui a eu l'amabilité de me transcrire les passages.

entre un homme et une femme au point culminant de l'acte sexuel[1]. » Le sociologue espagnol
Rafaël Salillas a montré que ce rapport est
consacré dans le langage populaire où les organes génitaux féminins sont nommés *papo*, nom
du jabot des oiseaux et dérivé de la racine
signifiant « manger des nourritures liquides, des
bouillies[2] ». Inversement, le liquide séminal éja-
culé reçoit le nom du lait, *leche*. Salillas voit dans
ces données la confirmation de la concordance
anatomique et physiologique de la bouche et des
organes sexuels féminins, du coït et de l'ingestion
de nourriture, des aliments qui ne demandent
aucune mastication et de l'éjaculation spermatique[3]. L'analogie de conformation entre les extrémités orales et vaginales du corps dans une
partie du monde animal, principalement chez les
insectes, est d'ailleurs un fait dûment étudié[4].

On ne s'étonnera pas après cela que certains
auteurs, comme Clevenger, Spitzka et Kiernan
aient regardé le désir sexuel comme une sorte de
faim protoplasmique. Joanny Roux le considère
comme un aspect du besoin de nourriture[5]. Bien
avant eux et sans recherche méthodique préalable, Novalis écrivait : « Le désir sexuel n'est
peut-être qu'un appétit déguisé de chair humaine[6]. » Et ailleurs : « Plus d'obstacles aux

---

1. Havelock Ellis, *op. cit.*, p. 25-26.
2. Espagnol, *papar*; latin, *papare*; anglais et hollandais, *pap*.
3. R. Salillas, *Hampa*, p. 228, Cf. Havelock Ellis, *op. cit.*, p. 26, n. 1.
L'auteur anglais signale de plus le même rapprochement dans le
roman érotique de Clelang *The Memoirs of Fanny Hill*.
4. Walter Wesché, « The Genitalia of both the sexes in Diptera, and
their relation to the Armature of the Month », *Transactions of the
Linnean Society*, 2ᵉ série, IX, Zoologie, 1906; Havelock Ellis, *loc. cit.*
5. Cf. Havelock Ellis, *op. cit.*, pp. 99-100.
6. *Novalis Schriften*, éd. E. Heilborn, Berlin, 1901, II, 2, p. 391.

avidités de l'amour. Le couple se dévore en de mutuelles étreintes. L'un de l'autre, ils se nourrissent et ne connaissent plus d'autres aliments[1]. » Cette dernière indication est peut-être propre à apporter quelques lumières, soit dit en passant, sur le cas des anorexies mentales, où le sujet refuse de se nourrir sous divers prétextes éthiques ou sentimentaux.

D'ailleurs, le comportement normal lui-même connaît au moins une caractéristique représentative de la connexion entre la nutrition et la sexualité : la morsure d'amour au moment du coït, connue déjà des poètes anciens et codifiée par les érotologues orientaux[2]. Il est, à mon avis, extrêmement significatif qu'on la constate principalement chez les femmes, qui *esquissent* ainsi le comportement de la mante religieuse, et surtout chez les filles idiotes ou les femmes de race sauvage, c'est-à-dire là où l'instinct, pour une raison ou pour une autre, est moins contrôlé. Havelock Ellis considère la morsure d'amour comme une tendance « si commune et si répandue qu'il faut la regarder chez les femmes comme faisant partie de la variation normale de ces manifestations[3] ». Qu'il s'agisse bien dans cette pratique, qui peut devenir la source des aberrations sexuelles les plus violentes, d'un comportement instinctif, *automatique*, sans com-

---

1. Poésie pour la suite projetée de *Henri d'Ofterdingen. Ibid.*, I, pp. 185-186. Cf. II, 2, p. 507 « la femme est l'aliment corporel le plus èlevé » et les citations réunies par E. Spenlé, *Novalis, Essai sur l'Idéalisme Romantique en Allemagne*, Paris, 1903, p. 53 et suiv. L'auteur voit là « une des idiosyncrasies les plus caractéristiques du poète ».
2. Vatsyayana, *Kama Soutra*, II, V.
3. *Op. cit.*, p. 133. Voir sur cette question les p. 131-139.

plication de caractère sadique, on n'en peut
douter, car la femme cherche seulement à étreindre et à mordre quelque chose, dans l'*inconscience* complète des effets produits sur la victime, effets dont elle est ensuite la première à
s'étonner[1].

Il ressort de cet ensemble de faits les conclusions importantes qui suivent : il existe un lien
biologique primaire, profond, entre la nutrition
et la sexualité; ce lien aboutit dans un certain
nombre d'espèces animales à faire dévorer le
mâle par la femelle à l'instant du coït; il subsiste
chez l'homme des traces notables de cette
parenté ou convergence d'instincts. Cette base
bien établie, il convient maintenant de revenir à
l'imagination, soit délirante, soit mythique. Chez
certains malades en effet, la crainte de l'amour
prend une forme nettement obsessionnelle. La
littérature psychiatrique en fournit des cas
innombrables. Plus particulièrement, le sujet
craint d'être dévoré par la femme, à la manière
de ce persécuté dont Bychowski a décrit le cas[2]
et qui était convaincu qu'il serait mangé par une
prostituée avant même de s'être approché d'elle.
Le dessin connu de Baudelaire représentant une
femme avec en épigraphe les mots « Quaerens
quem devoret » témoigne d'un état d'esprit analogue[3]. Plus généralement, il faut sans doute
rapprocher de ces phantasmes le développement
de la plupart des complexes de castration, qui,
comme on sait, ont communément pour origine

1. *Ibid.*, p. 134. La remarque est d'un correspondant de l'auteur.
2. *Ein Fall von oralem Verfolgungswahn.*
3. *Les Fleurs du Mal*, édit. Payot, 1928, p. 51.

la terreur du vagin denté susceptible de couper, dès sa pénétration, le membre viril. Etant donné le caractère pour ainsi dire classique de l'assimilation du corps tout entier à celui-ci et de l'identification inconsciente de la bouche et du vagin[1], il ne paraît pas impossible de considérer la peur de la castration comme une spécification plus particulièrement humaine de la crainte du mâle d'être dévoré par la femme pendant ou après l'accouplement, représentation fournie objectivement par les mœurs nuptiales des mantidés[2], tant va loin la symétrie, ou, pour mieux dire, la continuité de la nature et de la conscience.

Les mythes et le folklore ne sont pas en reste avec l'imagination individuelle dont ils confirment les données par leurs apports. Il existe d'abord toute une mythologie, répandue dans les domaines nord-asiatique et nord-américain, de femmes au vagin denté qui tuent en leur sectionnant le pénis, ceux qui se hasardent à pratiquer le coït avec elles. Cette mythologie, trop complexe pour être étudiée ici, semble en relation avec des rites de défloration et des pratiques

1. Il en est un saisissant exemple dans le sonnet de Mallarmé : *Une négresse par le démon secouée...* (*Poésies*, N.R.F., 1926, p. 22). Ce personnage y est décrit avançant
    « ... le palais de cette étrange bouche
        pâle et rose comme un coquillage marin. »
Dans le même texte, l'emploi des mots *goûter, fruits, goinfre,* dans une signification érotique, souligne le sens de la confusion. Enfin le détail « riant de ces dents naïves à l'enfant », est d'autant plus inquiétant qu'à la ligne suivante celle-ci est appelée « la victime ».
2. Ces insectes offrent d'ailleurs une autre particularité très susceptible de servir directement de représentation à la castration : la capacité de résection volontaire d'un membre (autotomie). Voir les communications d'Edmond Bordage (*Comptes rendus de l'Académie des sciences*, t. CXXVIII, 1899, et *Bulletin scientifique de France et de Belgique*, t. XXXIX, 1905).

magiques destinées à assurer l'abondance de la nourriture. D'autre part, on ne compte pas dans les récits populaires les spectres féminins qui dévorent leurs amants. Il s'agit en général de créatures démoniaques qui, sous l'apparence de femmes d'une grande beauté, attirent les jeunes gens par leurs caresses pour se nourrir ensuite de leur chair. Telles sont par exemple les tériels[1] des Kabyles et surtout les empuses des anciens Grecs. Celles-ci sont des spectres envoyés par Hécate, la plus sinistre des divinités infernales. Ils apparaissent à midi, à l'heure où l'on sacrifie aux morts[2], ont un pied d'airain et l'autre formé d'excréments d'âne, se présentent dans des outres remplies de sang et surtout peuvent prendre toutes les formes[3]. Philostrate, dans la *Vie d'Apollonius de Tyane*, raconte l'histoire d'un jeune philosophe que séduit une femme d'une beauté merveilleuse, avec laquelle il va se marier, quand Apollonius la démasque en faisant cesser ses enchantements. Voici les deux passages décisifs : « La charmante épousée était une de ces empuses que le peuple appelle lamies ou mormolyes. Elles aiment beaucoup l'amour, mais plus encore la chair humaine. Elles allèchent par la volupté ceux qu'elles veulent dévorer. » Et, quelques lignes plus loin : « Le fantôme finit par

1. Voir une longue histoire très caractéristique de la nature des *tériels* dans L. Frobénius, *Histoire de la civilisation africaine*, Paris, 1936, p. 263-276.
2. Cf. Aristophane, *Grenouilles*, 293 et suiv., et Scholies du passage.
3. Se reporter à l'article « *Empousa* » dans le *Lexikon* de Roscher, et dans la *Real-Encyclop*, de Pauly-Wissowa, ainsi qu'à l'ouvrage de J.-C. Lawson, *Modern Greek Folklore and Ancient Greek Religion*, Cambridge, 1910, p. 174-175.

reconnaître qu'il était une empuse, qu'il avait
voulu gorger Ménippe de plaisirs pour le dévorer
ensuite, et qu'il avait coutume de se nourrir de
beaux jeunes gens parce qu'ils ont le sang très
frais[1]. » Le rapport avec les mœurs des mantidés
est si net que la classification même de ces
insectes l'a consacré : le mot d'empuse désigne
encore aujourd'hui un genre d'orthoptères si
voisins des mantes qu'un profane chercherait en
vain le principe de la distinction. Il y a plus :
quelquefois, la créature féminine démoniaque
engloutit son amant par le vagin, comme il
ressort du conte eskimo suivant, recueilli en 1884
par Holm au Groenland oriental[2] : un vieux
garçon ne se servait pas de son kayak, qui était
devenu tout vert. Plus haut dans le fjord vivait un
homme ayant une fille très belle. Un matin, le
vieux garçon se leva, quand les autres habitants

1. *Vita Apoll.*, IV, 25, trad. Chassang, Paris, 1862. Cette légende paraît
avoir rencontré un succès exceptionnel, qui, à vrai dire, ne doit pas
surprendre, si l'on admet sa base physiologique. Dès la Renaissance,
Jean Bodin la reprend dans son ouvrage célèbre, *De la démonomanie
des sorciers*, Paris, 1580, II, V; en appendice réfutant les opinions de
Wier dans son traité *De Lamiis*, Bâle, 1577, il la cite de nouveau et la
rapproche d'une indication analogue de Dion (*Histoire d'Afrique*) sur
une femme terminée en serpent qui séduisait les voyageurs pour les
dévorer. L'histoire de l'Empuse se retrouve encore à la même époque
notamment dans le *Dialogue de la lycanthropie* de Cl. Prieur (Louvain,
1596). Le Romantisme l'a également utilisée : on la rencontre ainsi
dans le roman d'Alex. Dumas père, *Isaac Laquedem*, ch. XXII-XXIV et
dans *La Tentation de Saint-Antoine* (Ch. IV) de Flaubert.
2. Cf. *Commerce* (V). Ce conte m'a été communiqué par M.G.-Ch.
Toussaint que je prie de trouver ici mes vifs remerciements. –
M. Paul-Emile Victor, chef de la mission française au Groenland en
1934-35, a rapporté également des contes où il est question d'une
femme qui dévore les hommes. Le thème est cependant moins net que
dans l'histoire de Nukarpiartekak. Cf. *Paris-Soir*, 1er nov. 1935. Comparer dans Sade, le passage où lady Clairwil s'introduit dans le vagin
le cœur qu'elle vient d'arracher de la poitrine d'un jeune garçon et où,
couchée sur le cadavre de sa victime, elle lui suce la bouche pendant
qu'elle se masturbe avec le viscère encore chaud (*La Nouvelle Justine*,
1797, t. VII, p. 252).

de l'igloo dormaient encore. Il lava sa tête et son
corps, ôta de son kayak les plantes vertes et se
dirigea vers la demeure de l'homme à la fille très
belle. A son approche, les gens lui dirent : Débarque! Puis, ils lui dirent : Entre! La fille était
assise à un bout de l'igloo. En la voyant si belle, il
devint très chaud et défaillit d'amour. Quand
Nukarpiartekak eut enlevé et suspendu son anorak, il vit que la belle fille lui souriait et cela lui
fit perdre connaissance. Quand il revint à lui et la
regarda derechef, il vit qu'elle lui souriait encore.
Il ressentit un tel amour, qu'il s'évanouit de
nouveau. Chaque fois qu'il revenait à lui après
avoir perdu connaissance, il se rapprochait un
peu plus de la belle fille. Quand les autres se
couchèrent, Nukarpiartekak vit qu'elle préparait
une couche pour lui en même temps que pour
elle et, en voyant cela, il s'évanouit et sa tête
heurta avec bruit la plate-forme où l'on dort.
Lorsqu'il reprit ses sens, ressentant toujours un
violent amour, il se tourna vers la plate-forme,
mais en la touchant tomba dessus, face en avant.
Ils s'étendirent l'un près de l'autre, et elle était si
belle qu'il pensa mourir. Nukarpiartekak l'embrassa et s'évanouit. D'abord ce fut comme s'il
s'enfonçait en elle jusqu'aux genoux, puis jusqu'aux bras, puis jusqu'aux aisselles. Le bras
droit s'enfonça. Puis il s'enfonça jusqu'au menton. A la fin il poussa un cri et disparut en elle
entièrement. Les autres s'éveillèrent et demandèrent ce que c'était, mais nul ne répondit. Quand
au matin on alluma les lampes de pierre, Nukarpiartekak n'était plus là, son kayak restait encore
au rivage. La belle quitta l'igloo pour faire de

l'eau (uriner), et ce faisant, le squelette de Nukarpiartekak sortit.

Les grands mythes polynésiens offrent manifestement matière à une interprétation de ce
genre : mythe de Tiki, déposant une *imago* de
lui-même dans la femme, son phallus éteint qui
ressuscitera sur lui après un séjour au pays des
morts; mythe de Maui pénétrant dans la Grande
Femme de la Nuit pour procurer à l'homme
l'immortalité et y perdant lui-même la vie, car,
ayant voulu rentrer dans le sein de sa mère, il
resta dans la Nuit du Mal et du sexe femelle, en
sorte que c'est au contraire par lui que la mort
entre dans le monde[1].

Si l'on élargit tant soit peu le thème, on rencontre aussitôt un type de récit plus répandu
encore : les légendes de *Giftmädchen* – la « pu-
celle venimeuse » des versions françaises. On
possède sur le sujet une étude fort complète de
Wilhelm Hertz[2]. Le point de départ en est dans
une anecdote du cycle d'Alexandre très goûtée
au Moyen Age. Une reine des Indes aurait nourri
dès l'enfance une jeune fille avec du poison, de
telle sorte que le souffle et le regard de celle-ci
devinrent mortels. La reine l'envoya, dans ces
conditions, à Alexandre pour délivrer son pays
de la servitude, mais l'intervention d'Aristote
sauva le conquérant. Dans une version plus précise, la reine du Nord (*Regina Aquilonis*) nourrit
sa propre fille de poison et l'envoie à Alexandre
pour qu'elle devienne sa maîtresse. Le roi en est

---

1. J'utilise sur ce point un cours de M. Marcel Mauss.
2. W. Hertz, « Die Sage vom Giftmädchen », *Abh. der kön. bayer.
Akad. der Wiss.*, I. Kl., XX, Bd., *I. Abth.*, Munich, 1893.

aussitôt éperdument épris, mais Aristote la fait
embrasser par un homme qui tombe mort sur-
le-champ. Souvent, c'est seulement la *morsure* de
la vierge qui est mortelle, à l'instar de celle des
femmes de Crète[1], mais ce peut être aussi son
contact, sa sueur, sa salive, son crachat : principalement, c'est son étreinte qui est fatale. C'est
notamment le cas dans le texte primitif arabe[2].
Le thème de l'empoisonnement par le coït qui
est d'ailleurs fréquent. Par exemple Collenucio
raconte l'histoire d'un médecin de Pérouse dont
la fille était la maîtresse du roi. Il la persuada de
s'enduire les parties sexuelles d'un certain
baume afin d'enflammer plus encore la passion
de son amant. La jeune fille obéit, mais comme le
baume était à base d'aconit[3], le roi mourut de
son étreinte[4].

De même, lorsque les souverains indiens vou-
laient se défaire d'un ennemi, ils lui envoyaient,
dit-on, une jeune fille préparée de la façon suivante : on plaçait à sa naissance l'herbe mortelle,
el-bîs, identifiée à *l'aconitum ferox*, d'abord sous
son berceau, puis sous son oreiller, puis sous ses
vêtements. Bientôt, on lui en donnait à boire
mélangée avec du lait, puis à manger. Quand le

1. « Dicunt enim, quod si mulier irata virum dentibus mordet aut
unguibus lacerat, statim veneno infectus moritur, ac si morsu pessi-
mae bestiae fuisset caesus », *Fratris Felicis Fabri Evagatorium*, éd.
Hassler, Stuttgart, 1849, II, 280. Cf. Hertz, *op. cit.*, p. 106, n. 2.
2. Cf. Hertz, *op. cit.*, p. 115.
3. Il est constant que le poison employé soit l'aconit, plante considérée comme née du vomissement de Cerbère (*Sch. in Nicandri
Alexipharmaca*, 13) et dont la possession était interdite sous peine de
mort (Théophraste, *Hist. Plant.*, IX, 16, 7.) C'est au point que la vierge
venimeuse est quelquefois nommée *Anapellis*, de l'ancien nom de
l'aconit (*napellus*). Cf. Hertz, p. 138, n. 2.
4. Collenucio, *Compendio delle Historie del Regno di Napoli*, Venise,
1541, p. 148; Hertz, *ibid.*

destinataire s'accouplait avec elle, il mourait[1].
Dans l'Inde védique, le thème est plus proprement magique : la vierge venimeuse est une
poupée animée par un sorcier[2]. Mais une femme
de mauvais augure peut causer par simple
contact la mort de son amant. On peut faire périr
quelqu'un en lui envoyant une *vishakanyà* (vierge
venimeuse) ou une *vishàngana* (femme venimeuse), sortes de succubes d'une grande beauté,
mais aux caresses meurtrières. Aussi tous les
rituels de mariage comportent-ils une cérémonie
pour protéger le jeune époux du mauvais œil de
l'épousée[3].

On a tenté d'expliquer ce thème par la conta-
gion des maladies vénériennes[4]. Il paraît plutôt
que celle-ci a servi à le rénover, sinon à le
rationaliser. Ainsi, on raconte que, Charles VIII
faisant le siège de Naples, les Espagnols firent
sortir de la ville les plus belles filles de joie
dûment syphilisées, sous prétexte de se débarrasser des bouches inutiles, et que bientôt, par ce
moyen, toute l'armée française fut contaminée[5].
A l'inverse, il faudra sans doute retenir quelque
chose de l'explication du thème de la *Giftmäd-*

1. Hertz, p. 136.
2. Elle se nomme alors Krtya, de Kar, « fabriquer ». Cf. *Atharva-
Veda* X, I, rite et hymne pour leur destruction; V. Henry, *La Magie dans
l'Inde antique*, Paris, 1904, pp. 159, 169-173. Il faudrait examiner du
même point de vue le mythe de Pandore, femme fatale fabriquée par
les Dieux pour déchaîner les maux sur l'humanité.
3. V. Henry, *op. cit.*, p. 174; J. Darmesteter, *Ormazd et Ahriman*, Paris,
1877, p. 173.
4. Cf. Hertz, *ibid.*, p. 132.
5. *Tractatus de morbo gallico*, C.I, *Gabr. Falopii Mutinensis Opera*,
Venetiis, 1584, fol. 428 a. Cf. Hertz, p. 142. Il faut noter d'ailleurs que,
chez certains malades, la peur des maladies vénériennes aboutit en
fait à une terreur incoercible du sexe féminin et des rapport sexuels
équivalant pratiquement à l'impuissance.

chen par les dangers supposés de la défloration.
En effet, quelquefois le venin de la jeune fille
n'est dangereux que pour un premier contact :
c'est notamment le cas dans la comédie de
Machiavel, *La Mandragore*. Dès lors, il devient
tentant de se rappeler que, presque universellement, la défloration a été considérée comme
dangereuse. Les Romains se contentaient d'invoquer à cet effet la déesse protectrice *Pertunda*[1],
mais ailleurs on ne se risquait pas à une telle
opération, dans la crainte de mourir. Mandeville
rapporte que, dans une certaine île, le fiancé se
fait remplacer à prix d'argent pour la première
nuit, car les femmes, croit-on, ont dans la matrice
des petits serpents qui tuent le premier qui les
pénètre[2]. Hertz a rassemblé sur le sujet une
impressionnante collection de matériaux : ici, la
défloration s'effectue avec les mains, là avec un
instrument; souvent la jeune fille s'assoit sur le
phallus d'une divinité. Fréquemment on use d'un
remplaçant, étranger, prisonnier de guerre ou
personnage consacré, roi ou prêtre. C'est là
notamment l'origine du célèbre *droit du seigneur*[3].

Sans doute une telle crainte vient-elle de l'assimilation du sang de l'hymen déchiré avec le
sang menstruel auquel sont partout attachés les
dangers magiques les plus variés. De fait, le

---

1. St. Augustin, *de Civ. Dei*, VI, 9, 3; Arnobe, IV, 7; Preller, *Römische Mythologie*, Berlin, 1858, p. 587.
2. Il faut noter, avec Hertz, le pendant masculin de cette croyance :
Minos donnait la mort à celles qu'il aimait, car, à la place de la
semence, il introduisait en elles des serpents, scorpions, etc. – (Anto-
nius Liberalis, *Transformationum Congeries*, 41; Apollodore, *Bibl.*, III,
15, 1).
3. Hertz, *op. cit.*, p. 115-125 et appendice I, p. 162-163.

Rig-Veda (X, 85, 28 et 34) regarde la chemise ensanglantée de la nuit de noces comme empoisonnée[1], et chez les Berbères, où il reste précisément quelques survivances de la défloration par un tiers, la consommation du mariage est suivie de rites purificatoires et protecteurs, car le sang de l'hymen est considéré comme une source toute particulière de dangers[2]. Le fond du thème n'en reste pas moins une certaine terreur de la femme, de son regard (qui, dans certaines circonstances, a le mauvais œil comme celui de la mante religieuse), de son contact, de son étreinte surtout que l'on suppose mortelle comme celle de la femelle de cet insecte pour son mâle. Si, dans ces conditions, on examine les croyances et les mœurs des Boschimans qui, comme on l'a vu, considèrent la mante comme la divinité suprême, on peut espérer trouver des faits analogues. En effet, ils sont persuadés que le regard d'une jeune fille qui a son premier sang vaginal, est fatal aux hommes, qu'il paralyse et fixe dans la position qu'ils occupent. Mieux encore, ils sont changés en arbres à qui reste, cependant, le don de la parole[3]. C'est exactement là le thème de la *Giftmädchen*. D'ailleurs, chez les Boschimans comme chez les Hottentots, la femme a le pas sur l'homme en toute chose. Les garçons chez les

---

1. Cf. *ibid.*, p. 126.
2. Cf. Westermarck, *Les Cérémonies du mariage au Maroc*, Paris, 1921, p. 232 et 237. On fait même attention qu'aucun enfant ne résulte du premier coït, car le mélange du sperme et du sang serait extrêmement préjudiciable à la créature à naître.
3. Bleek, *A Brief Account of the Busman Folklore*, cité dans L. de Païni, *La Magie et le Mystère de la femme*, Paris, 1928, p. 285. D'autre part, on prend grand soin d'exclure les femmes de la vie sociale pendant le temps des règles (Bleek, *ibid.*, p. 14).

Khoï-Khoï portent le nom de leur mère avec un suffixe indiquant leur sexe et la femme règne en maîtresse absolue; le mari ne peut sans sa permission prendre une bouchée de viande ou une goutte de lait[1]. Enfin, les femmes Boschimans passent pour avoir le pouvoir de se transformer en lions, hyènes, etc., pour dévorer alors les hommes, comme l'illustre fort bien un conte recueilli par Sir James Alexander[2].

On le voit : le cycle est bien fermé. Il suffit de résumer la dialectique de la recherche pour en apercevoir la signification : les mantes sont peut-être les insectes qui impressionnent le plus la sensibilité humaine; leurs mœurs nuptiales correspondent à une appréhension fort commune chez l'homme et capable de solliciter éminemment son imagination. *Ici une conduite, là, une mythologie.* Il serait puéril de prétendre que les hommes, ayant soigneusement observé les mantes en entomologistes méticuleux, ont été frappés par leurs mœurs au point de les transformer en phantasmes et en croyances religieuses. Tous les psychiatres et tous les mythologues savent qu'il faut tout autre chose pour former un délire ou un mythe, pour en être la raison suffisante. Il n'est besoin que d'une remarque beaucoup moins coûteuse : les hommes et les insectes font partie de la même nature. A quelque degré, les mêmes lois les régissent. La biologie comparée a prise sur les uns et les autres. Leurs conduites

1. Quatrefages, *art. cit., ibid.*, 1885, p. 403; Hahn, p. 19-20.
2. Cf. J.-C. Anderson, *The Lion and the Elephant*, p. 113, n. 4; L. Lévy-Bruhl, *La Mythologie primitive*, Paris, 1935, p. 275-276.

respectives peuvent s'expliquer mutuellement. Certes, il y a des différences considérables, mais elles aussi, quand on en tient compte, doivent aider à préciser les solutions. L'homme et l'insecte, en effet, se situent à des extrémités divergentes, mais également évoluées[1], du développement biologique. L'instinct, par conséquent l'automatisme, domine l'existence de l'insecte; l'intelligence, la possibilité d'examiner, de juger, de refuser, en gros, tout ce qui rend plus lâches les rapports entre la représentation et l'action, caractérise celle de l'homme. Dès lors, on saisit mieux comment et en quel sens peut correspondre au comportement des mantes un thème mythologique qui occupe, trouble, exalte, attire l'imagination de l'homme sans contraindre absolument sa conduite. M. Bergson paraît avoir été amené à des résultats analogues en étudiant *a priori* l'origine de la fonction fabulatrice. Pour lui, celle-ci tient la place qu'occupent les instincts chez les insectes, la fiction n'est possible que pour les êtres intelligents : les actions sont préformées, dit-il, dans la nature de l'insecte, la fonction seulement l'est chez l'homme. La fiction d'ailleurs, chez ce dernier, « quand elle a de l'efficace, est comme une hallucination naissante ». Les images fantastiques surgissent à la place de l'acte déclenché. « Elles jouent un rôle qui *aurait pu* être dévolu à l'instinct et qui le serait sans doute chez un être dépourvu d'intelli-

---

1. Au moins en ce sens qu'ils sont tous deux des êtres *sociaux*, mais sans préjuger du *sens chronologique* d'une telle évolution, car rien ne prouve que l'individu ait précédé la société, ou inversement.

gence[1]. » D'un côté, instinct réel, de l'autre, instinct virtuel, dit M. Bergson pour différencier la condition de l'insecte agissant et celle de l'homme mythologisant. L'étude présente semble apporter la confirmation des faits à ses vues théoriques : la mante se présente comme une sorte d'idéogramme objectif réalisant matériellement dans le monde extérieur les virtualités les plus tendancieuses de l'affectivité. Il n'y a pas de quoi s'étonner : du comportement de l'insecte à la conscience de l'homme, dans cet univers homogène, le chemin est continu. La mante dévore son mâle pendant le coït, l'homme imagine que des créatures féminines le dévoreront après l'avoir attiré dans leurs bras. Il y a la différence de l'acte à la représentation, mais la même orientation biologique organise le parallélisme et détermine la convergence. Enfin la généralité du thème chez l'homme n'est pas plus surprenante, car il faut bien attendre que la grande similitude de structure organique et de développement biologique de tous les hommes, jointe à l'identité des conditions extérieures de leur vie psychique, ait des répercussions considérables dans leur monde psychique, tende à y établir un minimum de réactions semblables, et engendre par conséquent chez tous, les mêmes tendances affectives et conflits passionnels primordiaux, comme aussi bien l'identité des méca-

---

1. Cf. H. Bergson, *Les Deux Sources de la morale et de la religion*, Paris, 1932, p. 110-115. Pour la critique de cette conception qui considère la fonction fabulatrice comme remplissant, de même que les instincts, une finalité de protection, de conservation alors qu'il y a des mythes dangereux comme il y a des instincts nuisibles, voir le chapitre précédent.

nismes de la sensation entraîne dans une mesure très sensiblement équivalente celle des formes *a priori* de la perception et de la représentation.

La mante, par ses seules mœurs nuptiales, possède donc déjà des titres suffisants pour expliquer l'intérêt qu'on lui porte, l'émotion qu'elle suscite communément. Mais ce ne sont pas les seuls. Elle se présente de plus, avertit M. Léon Binet, comme « une machine aux rouages perfectionnés, capable de fonctionner automatiquement[1] ». Voici de nouveau rejoint le thème de la *Giftmädchen*, principalement sous l'aspect qu'il prend dans le mythe de Pandore, automate fabriqué par le dieu forgeron pour la perte des hommes, pour que ceux-ci « entourent d'amour leur propre malheur[2] ». On rejoint également les Krtyā indiennes, ces poupées animées par les sorciers pour causer la mort de ceux qui les étreindront. La littérature connaît, elle aussi, au chapitre des femmes fatales, la conception d'une femme-machine, artificielle, mécanique, sans commune mesure avec les créatures vivantes, et surtout meurtrière[3]. La psychanalyse n'hésiterait pas, sans doute, à faire dériver cette représentation d'une façon particulière d'envisager les rapports de la mort et de la sexualité, et,

---

1. Léon Binet, *op. cit.*, p. 85.
2. Hésiode, *Travaux et Jours*, v. 58. Pour les équivalents mythiques du thème de Pandore, femme artificielle ou dieu déguisé en femme pour aller reprendre le breuvage d'immortalité et par conséquent apporter ou rapporter la mort, voir G. Dumézil, *Le Festin d'immortalité*, Paris, 1924.
3. Cf. l'automate féminin du film *Métropolis* et celui (garni de rasoirs et destiné à donner la mort à des jeunes gens en les étreignant) du conte de Sacher-Masoch intitulé *L'Eau de Jouvence* (dans le recueil *La Pantoufle de Sapho*).

plus précisément, d'un pressentiment ambivalent de trouver l'une dans l'autre.

Ce phantasme est assez explicitement évoqué par la mante. En effet, outre sa rigidité articulée, qui n'est pas sans faire penser à celle d'une armure ou d'un automate, il est de fait qu'il n'est guère de réactions qu'elle ne soit aussi bien capable d'exécuter décapitée, c'est-à-dire en l'absence de tout centre de représentation et d'activité volontaire : elle peut ainsi, dans ces conditions, marcher, retrouver son équilibre, pratiquer l'autotomie d'un de ses membres menacé, prendre l'attitude spectrale, s'accoupler, pondre, construire l'oothèque et, ce qui est proprement déroutant, tomber, en face d'un danger ou à la suite d'une excitation périphérique, dans une fausse immobilité cadavérique[1] : je m'exprime exprès de cette façon indirecte, tant le langage, me semble-t-il, a peine à signifier, et la raison à comprendre, que, morte, la mante puisse simuler la mort.

Cette particularité semble avoir frappé les adorateurs africains de l'insecte. Elle sert, du moins, de ressort principal à un mystérieux conte Boschiman[2] où la mante, transformée en antilope, fait la morte dans l'espoir que les enfants, trompés par cette apparence, la découperont avec

1. On tend d'ailleurs à considérer dans tous les cas ce comportement comme purement automatique : « phénomène de sensibilité différentielle, limité à la tétanose cataleptique et caractérisé par elle », comme s'exprime E.-L. Bouvier, *La Vie psychique des insectes*, Paris, 1918.
2. Frobenius, *op. cit.*, p. 244-247.

leurs couteaux de pierre. Ils le font en effet[1], mais l'animal les dupe, se met soudain à leur parler, pendant qu'ils transportent ses membres dépecés, rassemble ceux-ci, agite ses bras *comme un homme* et les poursuit. Finalement les parents expliquent aux enfants étonnés que la prétendue antilope n'était autre que le Vieil Homme, la Mante, qui feignait d'être morte pour les décevoir[2].

Il convient enfin de ne pas passer sous silence le mimétisme des mantidés, qui illustre de façon quelquefois hallucinante le désir humain de réintégration à l'insensibilité originelle, qu'il faut rapprocher de la conception panthéistique de la fusion dans la nature[3], fréquente traduction phi-

1. Faut-il voir dans ce détail la transposition de la capacité de résection volontaire que possède en fait l'insecte, qui, comme on sait, pour se libérer, laisse au besoin sa patte (laquelle repousse ensuite, au moins dans certaines conditions, cf. Léon Binet. *op. cit.*, p. 75-77) aux mains de qui veut le capturer ?
2. S'il fallait interpréter le conte, j'y verrais volontiers le souvenir de rites initiatiques. Les *enfants* devaient avoir pour tâche de découper avec des *couteaux de pierre* (instrument sacrificiel) un cadavre d'antilope censé représenter la mante, dieu de la tribu, qui ne peut être dépecé sous la forme normale dans le repas théophagique. Il se peut qu'ensuite le rôle de l'antilope ait été tenu par un sorcier (*le Vieil Homme*, comme dit le conte) qui, soudain, les poursuit, *en se sentant un homme* (l'expression est encore dans le conte) et en agitant les bras. L'enseignement du rite est ainsi la résurrection et la parenté de l'homme avec l'animal-dieu. C'est l'enseignement que les anciens de la tribu (les parents) donnent à la fin de l'épreuve aux nouveaux initiés. A l'appui de cette exégèse, on pourrait citer une peinture rupestre de la Rhodésie du Sud (Frobenius, pl. 50) représentant un homme au visage recouvert d'un masque simulant, semble-t-il, la tête de la mante et le fait que, dans un autre conte, l'antilope est créée tout spécialement par le dieu-insecte.
3. *La Tentation de saint Antoine*, déjà mise à contribution à propos de la mante, se termine par une saisissante expression de ce désir : voyant les trois règnes de la nature rentrer l'un dans l'autre (« puis les plantes se confondent avec les pierres, des cailloux ressemblent à des cerveaux, des stalactites à des mamelles, des fleurs de fer à des tapisseries ornées de figures » – comparer les mimétismes des mantidés). l'ermite s'écrie – ce sont ses dernières paroles – « O bonheur,

losophique et littéraire du retour à l'inconscience prénatale. Il n'est qu'à choisir entre l'*éré-
miaphile de Louxor* couleur de désert, la *Blepha-
ris mendica* tachetée de blanc sur fond vert
comme les feuilles de *Thymelia microphylla* où
elle vit, la *Theopompa heterochroa* du Cameroun
indiscernable de l'écorce, l'*Empusa egena* d'Algé-
rie qui, non contente de ressembler à une ané-
mone verdâtre, s'agite doucement de façon à
simuler l'action du vent sur une fleur, l'*Idolum
diabolicum* de Mozambique, dont les pattes ravis-
seuses en forme de pétale, sont précisément
teintées de carmin, de blanc et de vert-bleu, le
Gongylus trachelophyllus de l'Inde, d'un violet
pâle bordé de rose qui réalise « le tableau d'une
fleur éclatante qui se balance à certains
moments, et qui tourne ses plus belles couleurs
vers la partie la plus vive du ciel », l'*Hymenopus
bicornis* enfin, que l'on aurait peine à distinguer
d'une simple et merveilleuse orchidée[1].

Ces métamorphoses florales à la faveur des-
quelles l'insecte se désindividualise et retourne
au règne végétal complètent à la fois ses éton-
nantes capacités d'automatisme et l'attitude
désinvolte dont il semble user vis-à-vis de la
mort, propriétés qui, elles-mêmes, complètent ce
qui, dans son nom de mante ou d'empuse, c'est-
à-dire de prophétesse ou de spectre-vampire,
dans sa forme où, entre toutes, l'homme peut

bonheur! j'ai vu naître la vie » et conclut qu'il veut « se diviser
partout... pénétrer chaque atome, descendre jusqu'au fond de la
matière – être la matière! »
    1. Ces exemples sont tirés de : A. Lefebvre, *Ann. de la Soc. entomo-
logique de France*, tome IV; Léon Binet, *op. cit.*; et surtout Paul Vignon,
Introduction à la biologie expérimentale, Encycl. Biol., t. VIII, Paris,
1930, p. 374 et suiv.

reconnaître la sienne, dans son attitude de prière absente ou d'amour en acte[1], dans ses coutumes nuptiales enfin, peut compromettre la sensibilité immédiate de tout individu.

C'est assez justifier le caractère objectivement lyrique de l'insecte. Que le mimétisme manifeste ou non dans son essence un recul de la vie, une esquisse de retour à l'inanimé ou au pur espace, comparable lui aussi à certaines tendances humaines, il n'importe pour le moment[2]. Il donne en tout cas l'image sensible d'une sorte de démission de la vie.

A ce point, il faut de nouveau faire appel à la biologie. En effet, il existe une tendance inhérente à tout organisme vivant de reproduire un état originel « auquel il avait été obligé de renoncer sous l'influence de forces perturbatrices extérieures ». Cette tendance a été bien mise en lumière par Freud[3] qui voit en elle « l'expression d'une sorte d'élasticité de la vie organique ». L'être vivant souffre de la dénivellation qui existe entre le milieu et lui-même. Il y a bien dans chaque organisme une volonté de vivre, mais il y a aussi un secret acquiescement à l'abandon de la conscience et de la vie, ces conquêtes pesan-

1. Que l'attitude ordinaire de la mante soit celle de l'amour, il semble que déjà les Anciens en aient été frappés. De fait, dans le seul passage de la littérature grecque où il soit question de cet insecte, il est utilisé dans une comparaison dont l'érotisme est explicite. Cf. Théocrite, X, 18 : Μάντις τοι τὰν νύκταν χροΐζεῖθ ' ἀκαλαμαία. (Réponse d'un moissonneur à qui son compagnon confie ses amours.) Pour le caractère anthropomorphique de la mante, ici servant de métaphore pour désigner une jeune femme, voir ci-dessus.

2. Voir le chapitre suivant.

3. Sigm. Freud. « Au-delà du principe de plaisir », *Essais de psychanalyse*, trad. franç., Paris, 1927, p. 48-51.

tes, ces deux tensions qui, par une double rupture d'équilibre, l'ont amené à *son* existence.
Aussi « la fin vers laquelle tend toute vie est la
mort, car l'individu, pour des raisons internes,
désire le repos, l'égalisation des tensions chimi-
ques, l'insensibilité, l'inconscience de la mort.
C'est le complexe de Nirvâna. « Avec une petite
dépense de spéculation, écrit Freud, nous en
sommes arrivés à concevoir que cette pulsion
agit au sein de tout être vivant et qu'elle tend à le
vouer à la ruine, à ramener la vie à l'état de
matière inanimée. Un tel penchant méritait véritablement le nom d'instinct de mort[1]. »

C'est donc à cet instinct fondamental que le
mimétisme fournit au premier chef une illustration tentante. Mais il y a plus, car la conception
biologique qui conduit à l'affirmer, explique
aussi, de son côté, que le coït préfigure la mort.
En effet, on distingue dans la substance vivante,
une partie mortelle, le *soma*, dans le langage de
Weissmann[2], et une partie virtuellement immortelle constituée dans les organismes supérieurs
par les cellules sexuelles, susceptibles de s'entou-
rer perpétuellement d'un *nouveau soma*, alors
que toutes les autres vieillissent et meurent selon
un rythme temporel spécifique[3]. L'accouplement
est donc, à quelque degré, une perte d'immortalité, un facteur profond de mort : l'amorce dia-

1. Sigm. Freud, « Lettre sur la guerre », *in* Albert Einstein, Sigmund
Freud, *Pourquoi la guerre*, Paris, 1933, p. 49-50. Dans l'antiquité,
Sénèque dissertait déjà sur la *libido moriendi*.
    2. Cf. Weissman, *Ueber die Dauer des Lebens*, 1882; *Ueber leben und
Tod*, 1892; Freud, *Essais de psychanalyse*, p. 58-59.
    3. Lecomte du Nouy, *Le Temps et la Vie*, Paris, 1936, p. 218 et suiv.

lectique de celle-ci[1]. En effet, « l'élimination de
la semence, au cours de l'acte sexuel, écrit
encore Freud[2], correspond dans une certaine
mesure à la séparation entre le *soma* et le *plasma*
germinatif. C'est pourquoi l'état qui suit la satisfaction sexuelle complète ressemble à la mort et
c'est pourquoi chez les êtres inférieurs la mort
suit immédiatement la procréation[3]. » Exacte
dans son fond, l'affirmation du psychiatre est
peut-être incomplète dans sa forme, car elle
néglige trop l'intermédiaire physiologique. Celui-
ci a été remarquablement analysé par Moll, con-
cevant le coït comme le soulagement *spasmodi-
que* d'une *tension*, par conséquent comme le
résultat d'une impulsion de détumescence[4].
Dans une première phase, l'organisme est en état
de suractivité croissante. Il faut non seulement
penser aux phénomènes vasculaires, turgescence

---

1. Maurice Scève paraît avoir interprété le mythe d'Eve mangeant la
pomme en un sens analogue :
        « ... ce doux morceau non bien gousté avale,
        et ensemble la Mort au ventre luy dévale.
. . . .
        La Parque te rendant dedans ton sein entrée
        Idoine à concevoir autre vie engendrée ?
        Car depuis mort de l'un se fit engendrement
        de l'autre, qui n'a encore son commencement
. . . .
        ... la femme gousta premier mort, que la vie
        qu'elle sentit bientôt d'une autre poursuivie. »
(*Microcosme*, Liv. 1er.) La dernière expression traduit vigoureusement
et exactement la réalité biologique.
2. Sigm. Freud, « Le Moi et le Soi », Ch. IV, *Essais de psychanalyse*,
p. 215-216.
3. En effet, chez les insectes, surtout chez les papillons, le mâle
meurt aussitôt la fécondation faite, la reproduction de l'espèce étant
assurée. C'est là encore une raison expliquant à la lumière de la
biologie comparée, qu'il subsiste jusque chez l'homme quelque chose
de ce destin, ne fût-ce qu'à l'état de pressentiment.
4. Moll, *Untersuchungen über der Libido Sexualis*, Berlin, 1897-98;
exposé et discussion dans Havelock Ellis, *op. cit.*, p. 28 et suiv.

du pénis chez l'homme, du clitoris, des petites lèvres et du vagin chez la femme, mais aussi à l'accélération concomitante de la plupart des fonctions : respiration courte et rapide, tendant à la suffocation et entraînant une augmentation de la proportion du sang veineux, celle-ci aboutissant à son tour à une haute pression sanguine, battements de cœur violents et précipités, intensité glandulaire générale (transpiration, sécrétion des divers mucus), enfin activité motrice, tonique d'abord, puis clonique, c'est-à-dire agitée, irrégulière et en partie involontaire[1]. Le tout, dirigé vers le paroxysme de l'éjaculation[2], *brise* à son plus haut point de développement un rythme croissant et fait succéder à une série de pulsions lancées dans un processus d'accélération continue et paraissant trouver sa fin en elle-même, une *chute* abrupte, verticale, dans l'immobilité forcée, le repos, la demi-conscience. Ainsi, la détumescence sexuelle est un phénomène d'une brutalité marquée, libérant dans une convulsion une quantité considérable d'énergie nerveuse graduellement accumulée et amenée au point de rupture. On ne s'étonnera donc pas qu'elle soit capable de provoquer les plus graves désordres organiques : évanouissement, vomissement, accès épileptique, mort[3]. Mais il faut surtout retenir sa traduction psychologique, car la détumescence constitue en effet un processus constam-

1. Cf. Havelock Ellis, *Etudes de psychologie sexuelle*, t. V, *le Symbolisme érotique; le mécanisme de la détumescence*, Paris, 1925, p. 224 et suiv.
2. On sait que chez la femme, l'éjaculation trouve son équivalent dans une vive contraction de l'utérus amenant une descente de cet organe et s'accompagnant d'une expulsion de mucus.
3. Havelock Ellis, t. V, p. 249 et suiv.

ment sensible à la conscience et pour ainsi dire suivi, épousé, par elle. « Aucune autre fonction, écrit Hyrtl, n'est dans son accomplissement aussi intimement liée à l'esprit et pourtant n'en est aussi indépendante[1]. » C'est ce passage instantané de la tension à la détente, de l'excitation à l'épuisement satisfait, de la crue à l'étiage, d'un maximum à un minimum d'être, d'une conscience de vie suraiguë à un sentiment de néant relatif, qui contribue à faire assimiler inconsciemment l'amour à une rupture de la continuité existentielle : le langage populaire ne paraît pas décrire inexactement l'effet psychique de l'orgasme en le nommant « petite mort[2] ». Psychologiquement, l'appréhension de l'amour, sa conception comme réalité périlleuse, se trouvent ainsi garanties. Certes, en fait l'acte n'est dangereux que pour un organisme usé ou déficient, mais la secousse produite n'est pas moins propre à imprimer dans tous les cas sa marque dans l'affectivité, créant pour la vie entière du sujet une prédisposition latente, que l'accoutumance laissera intacte, à considérer comme fondés les récits de *Giftmädchen* par exemple.

Ces nouvelles déterminations – physiologie de la détumescence, psychologie du paroxysme – viennent donc appuyer l'action de celles dont la biologie comparée avait fait supposer chez l'homme l'existence au moins larvée, à partir à la fois, on s'en souvient, des mœurs des mantidés et de l'analyse de l'acte sexuel comme expulsion de

1. Cf. *ibid.*, p. 178, n. 2.
2. Comparer le célèbre « occide periturus » (*tue avant de mourir*) d'Apulée dans *L'Ane d'or*.

matière virtuellement immortelle, ce dernier point n'agissant pas d'ailleurs seulement comme réalité sous-jacente, mais aussi comme phantasme psychologique capable de provoquer l'impuissance sexuelle chez certains malades appréhendant une aspiration de la verge par le vagin et une déperdition des forces vitales[1].

Plusieurs conclusions, au terme de cette enquête, semblent permises : une importante constatation les domine toutes. L'homme n'est pas isolé dans la nature, il n'est un cas particulier que pour lui-même. Il n'échappe pas à l'action des lois biologiques qui déterminent le comportement d'autres espèces animales, mais ces lois, adaptées à sa nature propre, sont moins apparentes, moins impératives : *elles ne conditionnent plus l'action, mais seulement la représentation.* La mythographie devra en tenir compte. Car des études comme celle-ci inclinent à penser que les déterminations venues de la structure sociale, pour importantes qu'elles soient, ne sont pas les seules à informer le contenu des mythes. Concurremment à elles, semble-t-il, il faut faire intervenir des facteurs mi-physiologiques, mi-psychologiques, ces réactions et constellations affectives primordiales qu'on ne retrouve chez l'homme qu'à l'état de virtualités, mais qui correspondent à des faits explicitement et couramment observables dans le reste de la nature.

C'est du moins une conception de ce genre que le développement de la présente recherche

---

1. Cf. M. Cénac et R. Loewenstein, « Mécanisme des inhibitions de la puissance sexuelle chez l'homme », *L'Evolution psychiatrique*, 1936, III, p. 21.

peut inviter à formuler : on a constaté au départ que les hommes s'intéressaient plus que de raison à la mante et qu'ils lui accordaient très généralement un caractère divin ou diabolique. Tout se passait comme s'il était impossible à leurs yeux que la mante fût un insecte naturel. De fait, celle-ci attire l'attention immédiate de l'homme par sa silhouette nettement anthropomorphique qui l'invite aussitôt à s'identifier à elle ou à s'en pressentir parent à quelque degré. En outre, dans ses mœurs sexuelles si dramatiques, l'instinct du plaisir, en fin de compte, paraît poussé à ses dernières limites. On a reconnu alors que, dans les mythes, où précisément les instincts peuvent prendre les satisfactions que la réalité leur refuse, les hommes connaissent des situations semblables, des appréhensions analogues. En même temps, on a pu montrer qu'il existait des raisons graves de penser que chez l'homme la fonction fabulatrice tenait justement le rôle du comportement instinctif chez l'insecte. Dès lors, l'essentiel était fait. Les arguments supplémentaires tirés de la signification profonde de la sexualité, puis de la phénoménologie même de l'amour, étaient superflus. Ils ont cependant permis de constater que les rapports soit biologiques, soit psychologiques, du fonctionnement sexuel et de la mort étaient assez manifestes pour venir surdéterminer les résultats précédents.

Il y a donc une sorte de conditionnement biologique de l'imagination, venu de déterminations fondamentales susceptibles d'intervenir chaque fois que l'intelligence ne dirige pas son libre jeu vers un but précis. Aussi agissent-elles également dans les mythes et les délires, pour prendre les pôles extrêmes de l'affabulation. Tant s'en faut d'ailleurs qu'elles rendent compte intégralement du contenu des uns et des autres. Elles ne sont que tendances, virtualités directrices. Aucun lien nécessaire et suffisant ne peut les orienter dans le choix des détails concrets dont elles ont besoin pour constituer une « imagination » proprement dite. Elles préforment seulement les lignes de force qui cristalliseront ceux-ci en thèmes et en motifs, puisant à satiété dans le particulier et l'anecdotique, utilisant les structures imposées par les données historiques et l'organisation sociale. Là est notamment l'erreur de la psychanalyse qui ne s'est tant ridiculisée dans la plupart de ses tentatives d'exégèse mythographique que *pour avoir voulu trouver coûte que coûte dans les circonstances des récits ce qu'il fallait chercher dans leur schème dynamique :* le ressort affectif qui donne au mythe son pouvoir d'emprise sur la conscience individuelle.

Le caractère collectif de l'imagination mythique garantit assez qu'elle soit de substance sociale, existant à la faveur de la société et en sa faveur. C'est là, certes, son être propre, sa fonction spécifique. Mais son *innervation*, pour ainsi dire, est d'essence affective et renvoie aux conflits primordiaux suscités çà et là par les lois de la vie élémentaire. *Le mythe représente à la conscience l'image d'une conduite dont elle ressent la sollicitation.* Quand cette conduite existe ailleurs dans la nature, il trouve donc sa réalisation effective dans le monde objectif. De ce point de

vue, on définirait aisément les mœurs des mantidés comme un *mythe en acte* : le thème de la
femelle démoniaque dévorant l'homme qu'elle a
séduit par ses caresses. Phantasme pour
l'homme, idée fixe de délire ou motif légendaire,
cette situation est pour l'insecte la forme même
de son destin.

De la réalité extérieure au monde de l'imagination, de l'orthoptère à l'homme, de l'activité
réflexe à l'image, la route est peut-être longue,
mais elle est sans coupure. Partout les mêmes fils
tissent les mêmes dessins. Il n'est rien d'autonome, rien d'isolable, rien de gratuit, sans cause
et sans fin : le mythe même est l'équivalent d'un
acte.

MIMÉTISME
ET PSYCHASTHÉNIE LÉGENDAIRE

> *Prends garde : à jouer au fantôme, on le devient.*

De quelque côté qu'on aborde les choses, le problème dernier se trouve être en fin de compte celui de la *distinction* : distinctions du réel et de l'imaginaire, de la veille et du sommeil, de l'ignorance et de la connaissance, etc., toutes distinctions en un mot dont une activité valable doit se montrer la prise exacte de conscience et l'exigence de résolution. Parmi les distinctions, aucune assurément n'est plus tranchée que celle de l'organisme et du milieu, il n'en est aucune du moins où l'expérience sensible de la séparation soit plus immédiate. Aussi convient-il d'observer le phénomène avec une attention toute particulière et, dans le phénomène, ce qu'il faut encore, dans le stade actuel de l'information, considérer comme sa pathologie, – le mot n'ayant ici qu'un sens statistique –, c'est-à-dire l'ensemble des faits connus sous le nom de mimétisme.

Il y a longtemps que pour des raisons diverses et souvent peu recommandables, ces faits sont l'objet de la part des biologistes d'une sorte de prédilection lourde d'arrière-pensées : les uns songeant à prouver le transformisme, qui heureusement pour lui a d'autres assises[1], les autres la providence avertie du Dieu célèbre dont la bonté s'étend sur toute la nature[2].

Dans ces conditions, une méthode sévère est de rigueur. Avant tout, il est important de sérier très strictement ces phénomènes à la confusion desquels, l'expérience l'a prouvé, poussent trop de mauvais motifs. Il convient même d'adopter autant que possible une classification qui ressorte des faits et non de leur interprétation, celle-ci risquant d'être tendancieuse, étant par surcroît, à peu près dans tous les cas, contestée. Les classifications de Giard[3] seront donc mentionnées, mais non retenues. Ni la première : *mimétisme offensif,* destiné à surprendre la proie, *mimétisme défensif,* destiné soit à se dérober à la vue de l'agresseur (mimétisme de dissimulation), soit à l'épouvanter par un aspect trompeur (mimétisme de terrification); ni la seconde : *mimétisme direct* quand il y a intérêt immédiat pour l'animal mimant à prendre le déguisement, *mimétisme indirect* quand des animaux appartenant à des espèces différentes, à la suite d'une adaptation commune, d'une *convergence,* présentent en quelque sorte des « ressemblances professionnelles »[4].

1. A.-R. Wallace, *Darwinism,* 1889.
2. L. Murat, *Les Merveilles du monde animal,* 1914.
3. *Sur le mimétisme et la ressemblance protectrice,* Arch. de Zool. exp. et gén., 1872 et Bull. Scient., XX, 1888.
4. Cf. F. Le Dantec, *Lamarckiens et Darwiniens,* 3e édit., Paris, 1908, p. 120 et suiv.

Le premier degré du mimétisme semble être une analogie vague de nuance : le blanc des fourrures des animaux des neiges, le roux des animaux des sables, le vert des animaux des prairies, la couleur de terre des animaux des sillons. Mais les phénomènes plus précis ne manquent pas : il s'agit des harmonisations de la couleur de l'animal à celle du milieu. Quelquefois elle est indéfectible : les araignées thomises sont blanches, verdâtres ou roses selon la couleur des liserons sur lesquels elles vivent; de même les chenilles du *Lycoena pseudargiolus* d'Amérique et les lézards *Anolys* de la Martinique, qui sont gris tachetés, verts ou bruns selon leur résidence habituelle[1]. Dans ces cas, l'animal garde sa couleur toute sa vie, mais souvent il est capable de l'adapter aux nécessités du moment : l'homochromie est alors temporaire et se subdivise en *homochromie évolutive*, représentée par exemple par la chenille du *Smerinthus tiliae* qui, verte sur les feuilles qui la nourrissent, devient brune au moment où elle descend le long de l'écorce pour s'enterrer; en *homochromie périodique*, quand la couleur de l'animal varie avec les saisons[2] et en *homochromie facultative* : c'est le cas bien connu de la rainette, du caméléon et des

1. Murat, *op. cit.*, p. 40.
2. Le Dantec, *op. cit.*, p. 126. Chez les orthoptères, la période sensible pour l'homochromie n'est constituée que par les quelques heures qui suivent la mue. Aussi trouve-t-on des acridiens noirs sur des bruyères brûlées ou sur les ronds noirs marquant l'emplacement des meules de charbons de bois. Les acridiens prennent si bien la couleur de ces îlots qu'ils tranchent violemment sur le fond aussitôt qu'ils en sortent. Cf. Vossler « Ueber Anpassung und chemische Verdtheidigungsmittel bei Nordafrikanischen Orthopteren », *Verh. Deutsche Zool. Ges.*, XII (1902), p. 108-121.

poissons plats : sole, carrelet, plie, *Mesonauta insignis*[1], tanche et surtout turbot, ce dernier étant susceptible de s'adapter à un carrelage noir et blanc[2]. Ces phénomènes d'ailleurs n'apparaissent guère troublants après les expériences faites surtout sur les chenilles de la *Pieris rapae* et de la *Noctua algae* par Pouchet[3], par Poulton[4] et par Cope[5] qui en ont révélé le mécanisme intime. Il s'agit d'une action purement automatique commandée la plupart du temps par la vision rétinienne. De fait, les poissons rendus aveugles ne s'adaptent plus au milieu; la rainette *Hyla gratiosa*, aveuglée, reste verte sur les surfaces brunes. Le *Paralichthys albiguttus* reste blanc sur fond noir quand sa tête est maintenue sur fond blanc. La raison en est que l'excitation lumineuse n'est plus alors transmise aux cellules pigmentaires étoilées à fibres rayonnantes, ou *chromatophores*, susceptibles de se contracter, de se dilater et de s'auréoler, au besoin indépendamment l'une de l'autre, permettant ainsi de multiples combinaisons chromatiques. En sectionnant le nerf qui les commande, on les contracte toutes et l'animal devient incapable de s'adapter; de même en le sectionnant d'un seul côté du corps, on

1. J. Pellegrin, *Un poisson caméléon*, Revue générale des sciences, 1912, p. 6.
2. Figures dans *La Science au XXᵉ siècle*, 15 janvier 1912, p. 7. Cf. Rev. Scient., 15 juillet 1912.
3. G. Pouchet, *Des changements de colorations sous l'influence des nerfs*, Paris, 1876.
4. E.-B. Poulton, *The colors of animals*, Intern. scient. series. t. LXVIII, Londres, 1890.
5. Cope, *The primary factors of organic Evolution*, Chicago, 1916. Cf. les recherches de Kaeble et Gamble sur le mécanisme de la pigmentation et J. Loeb : *La Conception mécanique de la vie*, trad. Mouton, Paris, 1914, p. 273.

n'arrête la fonction que pour la moitié du corps
correspondante. Ainsi, il ne s'agit que d'une
action directe (*envahissante* d'ailleurs, il faut le
remarquer) du milieu sur l'organisme : la
réponse d'un organisme considéré à une excitation lumineuse de couleur donnée est une sécrétion de même couleur (Poulton), phénomène
dont le mécanisme est défini par J. Loeb[1]
comme une sorte de *téléphotographie* de l'image
rétinienne à la surface du corps, une transposition diffuse de la rétine à la peau.

Le but est alors de fuir la lumière. Il est ainsi
des crustacés lucifuges que l'homochromie met à
l'abri des rayons qui leur nuisent. Par exemple
les algues vertes diffusent des rayons verts et
absorbent les autres. L'animal vert vivant parmi
elles ne recevra donc que des rayons verts. C'est
le cas par exemple de l'*Hippolyte varians*. La nuit
venue, l'appareil pigmentaire devient inutile et
les chromatophores se rétractent. Telle est l'*homochromie antispectrale* définie par Cuérot[2] qui
correspondrait chez l'insecte à la recherche
d'une « sensation de bien-être ».

Quelquefois l'explication est encore plus élémentaire et renvoie à la nourriture, le pigment
des aliments se déposant sur la peau : la couleur
de l'*Archidoris tuberculata* d'Arcachon ne dépend

---

1. In *Centralblatt für Physiologie*, XXV, 1912.
2. « Recherches sur la valeur protectrice de l'homochromie chez
quelques animaux aquatiques », Arch. Sc. nat. Zool. (10) X, p. 123-150
(1927). Il ne peut s'agir, d'ailleurs, d'une photographie purement
mécanique, au moins quand il y a dessin, car l'animal se déplaçant, un
décor différent affecte à chaque instant des cellules différentes.
Vignon suppose que *dans l'inconscient des réflexes l'insecte compose
une œuvre*. Le mimétisme, dit-il, est quelquefois plus organique,
quelquefois plus psychique.

que de celle des éponges dont elle se nourrit (homochromie nutriciale)[1]. Au besoin, l'influence de la lumière réfléchie suffit à provoquer des phénomènes du même genre : certaines chenilles filent de la soie bleue quand on les éclaire avec de la lumière bleue[2].

Les interprétations finalistes auxquelles la somme de ces faits, avant leur explication mécaniste, avait pu donner prise, triomphèrent plus longtemps à propos d'un autre groupe de phénomènes. Wallace avait remarqué que les insectes porteurs de couleurs rutilantes avaient en général une odeur ou un goût nauséeux, de sorte que le prédateur qui faisait une fois l'expérience de ces proies se le tenait pour dit, la coloration brillante servant à lui rappeler sa première déconvenue, d'où le nom que lui donna Wallace : *warning colours* (coloration prémonitrice). On mit alors en avant que des espèces non nauséeuses, appartenant à des groupes éloignés, semblaient imiter la forme et la couleur de ces espèces non comestibles afin de bénéficier de la répugnance qu'elles inspiraient aux carnivores. Ce sont ces similitudes qui reçurent au sens étroit du mot la dénomination de *mimétisme*, bientôt qualifié de *batésien*, du nom de H.W. Bates, qui voulait que l'on ne prît en considération que le cas où l'espèce mimante était elle-même dépourvue des moyens de défense de l'espèce

---

1. L. Cuénot, *La Genèse des espèces animales*, Paris, 1911, p. 459 et suiv.
2. Le Dantec, *op. cit.*, p. 104. De même Schröder a montré que l'homochromie des chenilles de *l'Eupithecia oblongata* n'est pas nutriciale, mais déterminée par les rayons colorés émis par les fleurs. Cuénot, *op. cit.* 3e édit., Paris, 1932, p. 507.

mimée, par exemple les papilionides comestibles mimant les danaïdes nauséeux[1]. Mais, outre que toutes les espèces nauséeuses n'étaient pas ornées de couleurs prémonitrices, il y avait de trop nombreux cas où la ressemblance observée était tout à fait inutile, ce qui permit à Willey de conclure que le mimétisme batésien n'était qu'une simple convergence ne méritant aucune explication[2]. Cependant, comme le remarque Paul Vignon, une malice éventée ne cesse pas d'être une malice[3]. Fritz Müller (1878-79) s'attacha à rendre compte de la ressemblance d'espèces également nauséeuses : c'était, disait-il, une assurance mutuelle contractée entre ces espèces, chacune faisant bénéficier les autres de l'expérience faite sur elle par le prédateur[4]. Il est clair que le mimétisme müllérien, plus encore que le mimétisme batésien, n'est que le fait de la convergence biologique. En tout cas, les objections n'ont pas manqué, pour en critiquer le principe et les modalités[5]. Il existe d'ailleurs d'autres genres de mimétisme défensif fondé sur la vision

1. Cf. Cuénot, *op. cit.*, p. 472, fig. 147. *Le Papilio agestor* mimant le *Danaïs Tytia*.

2. Cf. E.-L. Bouvier, *Habitudes et métamorphoses des insectes*, Paris, 1921, p. 139.

3. P. Vignon, *Introduction à la biologie expérimentale*, Paris, 1930 (Encycl. Biol., t. VIII), p. 320.

4. Giard entend le même fait par le terme de *mimétisme isotypique* : supposant, lui aussi, que l'oiseau, confondant les espèces, fait moins d'essais sur chacune d'elles.

5. On a nié que ce mimétisme mît en défaut l'acuité visuelle des prédateurs (Bouvier, *op. cit.*, p. 141). On a surtout fait remarquer que la thèse n'était valable que si le prédateur faisait d'abord l'expérience de l'animal mimé, car il est clair que, s'il rencontre d'abord l'animal comestible, c'est pour lui un encouragement à continuer (E. Rabaud, *Eléments de Biologie générale*, 2e édit., Paris, 1928, p. 419). Enfin, il est clair que le goût, l'odeur et même la toxicité sont choses extrêmement relatives et que surtout il ne faut pas conclure de l'homme à l'animal agresseur (*ibid.*, p. 423).

de couleurs vives. Ainsi le cas de la *couleur oblitérante* lorsque ressortent, sur les livrées à fond terne, des taches ou des lignes de nuances voyantes : celles-ci sont seules visibles et ainsi l'image mentale de l'insecte ne peut se former. Il y a *coloration-éclair* quand les couleurs vives ne sont perceptibles que pendant le vol. Lorsque l'insecte se pose, l'impression lumineuse persiste un instant sur la rétine et l'animal en profite pour se mettre à l'abri[1].

Il reste enfin le cas où, pour se protéger, un animal inoffensif prend l'apparence d'un animal redoutable, par exemple le papillon apiforme *Trochilium* et la guêpe *Vespa crabro* : mêmes ailes enfumées, mêmes pattes et antennes brunes, mêmes abdomens et thorax rayés jaune et noir, même vol robuste et bruyant en plein soleil. Quelquefois, l'animal mimétique vise plus loin; ainsi la chenille du *Choerocampa elpenor*, qui, sur les 4e et 5e segments présente deux taches oculiformes cerclées de noir; inquiétée, elle rétracte ses anneaux antérieurs; le quatrième se renfle fortement; l'effet obtenu serait celui d'une tête de serpent capable de faire illusion aux lézards et aux oiseaux de petite taille, effrayés par cette subite apparition[2]. Selon Weismann[3], quand le *Smerinthus ocellata*, qui au repos cache ses ailes inférieures comme tous les Sphinx, est en danger, il les démasque brusquement avec leurs deux gros « yeux » bleus sur fond rouge qui

---

1. Cf. Cuénot, *op. cit.*, 3e édit., p. 527-528.
2. Cuénot, *op. cit.* p. 470 et 473.
3. *Vorträge über Descendenztheorie*, t. I, p. 78-79.

épouvantent soudain l'agresseur[1]. Ce geste est
accompagné d'une sorte de transe. Au repos,
l'animal ressemble à des feuilles effilées dessé-
chées. Troublé, il se cramponne à son support,
déploie ses antennes, bombe le thorax, rentre la
tête, exagère la cambrure de son abdomen,
cependant que tout son corps vibre et frissonne.
L'accès passé, il revient lentement à l'immobilité.
Des expériences de Standfuss ont montré l'efficacité de ce comportement; la mésange, le rouge-
gorge, le rossignol commun sont effrayés, non
toutefois le rossignol gris[2]. Le papillon, ailes
déployées, semble en effet la tête d'un énorme
oiseau de proie. L'exemple le plus net dans ce
genre est certainement celui du papillon *Caligo*
des forêts du Brésil que Vignon décrit ainsi : « Il
y a une tache brillante entourée d'un cercle
palpébral, puis des rangées circulaires et imbri-
quées de petites plumes radiales à l'aspect
chiné, imitant à la perfection le plumage d'une
chouette, pendant que le corps du papillon correspond au bec du même oiseau[3]. » La ressem-

---

1. Cette transformation terrifiante est automatique. On peut la
rapprocher des réflexes cutanés, lesquels ne tendent pas toujours à un
changement de couleur destiné à dissimuler l'animal, mais aboutissent parfois à lui donner un aspect terrifiant. Un chat devant un chien
hérisse ses poils, de sorte que, parce qu'il est effrayé, il devient
effrayant. Le Dantec qui fait cette remarque (*op. cit.*, p. 139) explique
ainsi chez l'homme le phénomène connu sous le nom de *chair de
poule*, lequel survient notamment en cas de grande frayeur. Rendu
inopérant par l'atrophie du système pileux, il n'en a pas moins sub-
sisté.
2. Cf. Standfuss, « Beispiel von Schutz und Trutzfärbung », *Mitt.
Schweitz. Entomol. Ges. XI* (1906), p. 155-157; Vignon, *op. cit.*, p. 356.
3. P. Vignon, *Sur le matérialisme scientifique ou mécanisme anti-
téléologique*, Revue de Philosophie, 1904, p. 562. Ailleurs (*Introduction
à la Biologie Expérimentale*, p. 353-354), Vignon parle même d'une
pseudo-paupière et d'une *quasi-larme*. Cf. Giard, *Traité d'entomologie*,
t. III, 201; A. Janet, *Les Papillons*, Paris, 1902, p. 331-336.

blance est si frappante que les indigènes du
Brésil le clouent à la porte de leur grange au lieu
et place de l'animal qu'il mime. Certains oiseaux,
effrayés normalement par les ocelles du *Caligo*,
le dévorent sans hésitation, si on les lui découpe
sur les ailes[1].

Il n'est que trop manifeste que, dans les cas
précédents, l'anthropomorphisme joue un rôle
décisif : la ressemblance n'est que dans l'œil de
celui qui perçoit. Le fait objectif, c'est la fascination, comme le montre surtout le *Smerinthus
ocellata* qui ne ressemble, au fond, à rien de
redoutable. Seules les taches oculiformes jouent
un rôle : le comportement des indigènes du
Brésil ne fait que confirmer cette proposition :
les « yeux » du *Caligo* doivent sans doute être
rapprochés de l'*oculus invidiosus* apotropaïque,
le *mauvais œil* capable de protéger autant que de
nuire, si on le retourne contre les puissances
mauvaises auxquelles, organe fascinateur par
excellence, il appartient naturellement[2]. Ici l'argument anthropomorphique ne vaut pas, car
dans tout le règne animal, l'œil est le véhicule de
la fascination. L'objection est au contraire pro-
bante contre l'affirmation tendancieuse de ressemblance : de plus, même au point de vue
humain, aucune dans ce groupe de faits n'est
absolument concluante.

Il n'en est pas de même dans ce qu'il faudrait

1. Expérience de Fassl, rapportées par Hering. Cf. Vignon, *op. cit.*,
p. 355.
2. Sur le mauvais œil et les animaux fascinateurs, voir l'ouvrage
célèbre de Seligmann, *Der böse Blick und Verwandtes*, Berlin, 1910.
Surtout t. II, p. 469. Sur l'utilisation apotropaïque de l'œil, voir P. Per-
drizet, *Negotium perambulans in tenebris*, Publ. de la Fac. de Lettres de
Strasbourg, fasc. 6, Strasbourg, 1922.

appeler *homomorphie*, c'est-à-dire dans le cas où la morphologie même, et non plus seulement la couleur, est semblable au milieu inerte, et non plus à celle d'une autre espèce animale. On est alors en présence d'un phénomène beaucoup plus troublant et proprement irréductible, dont on ne peut guère concevoir une explication immédiatement mécanique comme dans le cas de l'homochromie et où, comme on va en juger, l'identité est objectivement si parfaite et se présente dans des conditions si aggravantes qu'il est radicalement impossible de la mettre sur le compte d'une projection purement humaine de ressemblances[1].

Les exemples ne manquent pas : les *calappes* ressemblent à des cailloux roulés, les *chlamys* à des graines, les *moenas* à du gravier, les *palémons* à du fucus; le poisson *Phylopteryx*, de la mer des Sargasses, n'est qu'une « algue déchiquetée en forme de lanières flottantes »[2], comme l'*Antennarius* et le *Pterophryné*[3]. Le poulpe rétracte ses tentacules, incurve son dos, accommode sa couleur et ressemble ainsi à un caillou. Les ailes inférieures blanc et vert de la *Piéride-Aurore* simulent les ombellifères; les bosselures, nodosités, stries de la *lichnée mariée* la rendent identique à l'écorce des peupliers sur lesquels elle vit. On ne peut distinguer des lichens le *Lithinus nigrocristinus* de Madagascar et les Fla-

---

1. C'est cependant la thèse soutenue contre toute réalité par E. Rabaud dans son ouvrage *Le Transformisme et l'expérience* (1911). Mais étant donné l'attitude générale de Rabaud, on peut attendre de sa part une négation éperdue de tout ce qui a été utilisé par les transformistes pour étayer leur thèse.
2. Murat, *op. cit.*, p. 37-38.
3. Cuénot, *op. cit.*, p. 453.

toïdes[1]. On sait jusqu'où va le mimétisme des
mantidés dont les pattes simulent des pétales ou
sont recourbées en corolles, et qui ressemblent à
des fleurs, imitant par un léger balancement
machinal l'action du vent sur ces dernières[2]. Le
Cilix compressa ressemble à une fiente d'oiseau,
le *Cerodeylus laceratus* de Bornéo avec ses
excroissances foliacées vert olive clair, à un
bâton couvert de mousse. Ce dernier appartient
à la famille des phasmides qui, en général, « se
suspendent à des buissons de la forêt et ont la
bizarre habitude de laisser pendre leurs pattes
irrégulièrement, ce qui rend l'erreur encore plus
facile »[3]. A la même famille appartiennent
encore les bacilles qui ressemblent à des brindilles. Le *Ceroys* et l'*Heteropteryx* simulent des
rameaux épineux desséchés et les *membraces*,
hémiptères des Tropiques, des bourgeons ou des
épines, tel l'insecte-épine tout en hauteur, l'*Um-
bonia orozimbo*. Les chenilles arpenteuses, dressées et rigides, ne se distinguent guère des pousses des arbustes, aidées en cela de rugosités
tégumentaires appropriées. Tout le monde
connaît les Phyllies, si semblables à des feuilles.
Avec elles, on s'achemine vers l'homomorphie
parfaite qui est celle de certains papillons :
d'abord l'*Oxydia*, qui se place à l'extrémité d'un
rameau, perpendiculairement à sa direction, les
ailes supérieures repliées en toit, de sorte qu'il
présente l'apparence d'une feuille terminale,
apparence accentuée par une traînée mince et

1. Cuénot, *ibid.*, fig. 114.
2. Cf. Références au chapitre précédent.
3. Wallace, *La Sélection naturelle*, trad. franç., p. 62.

foncée se continuant transversalement sur les quatre ailes de manière à simuler la nervure principale de la feuille[1].

D'autres espèces sont plus perfectionnées encore, leurs ailes inférieures étant munies d'un appendice délié qu'elles utilisent comme pétiole, acquérant par ce moyen « comme une insertion dans le monde végétal »[2]. L'ensemble des deux ailes de chaque côté figure l'ovale lancéolé caractéristique de la feuille : ici encore, une tache, mais longitudinale cette fois, se continuant d'une aile sur l'autre, remplace la nervure médiane, aussi « la force organo-motrice... a dû découper et organiser savamment chacune des ailes puisqu'elle réalise ainsi une forme déterminée non en elle-même, mais par son union avec l'autre aile »[3]. Tels sont principalement le *Coenophlebia Archidona* d'Amérique Centrale[4] et les différentes sortes de *Kallima* de l'Inde et de la Malaisie, ceux-ci méritant une étude plus approfondie. La face inférieure de leurs ailes reproduit, suivant le dispositif indiqué plus haut, la feuille du *Nephelium Longane* où ils se posent de préférence. De plus, selon un naturaliste chargé, par la maison Kirby and C° de Londres, du commerce de ces papillons à Java, les différentes variétés de *Kallima* (*K. Inachis, K. Parallecta*...) fréquentent chacune la sorte d'arbuste spécifique à laquelle elle ressemble plus particulièrement[5]. Chez ces papil-

1. Cf. Rabaud, *Eléments*..., p. 412, fig. 54.
2. Vignon, *art. cit.*
3. *Ibid.*
4. Delage et Goldsmith, *Les Théories de l'évolution*, Paris, 1909, fig. 1, p. 74.
5. Murat, *op. cit.*, p. 30.

lons, l'imitation est poussée dans les plus petits détails : les ailes portent en effet des taches gris-vert simulant des attaques de lichens et des plages miroitantes qui leur donnent l'aspect de feuilles perforées et déchiquetées : « jusqu'aux taches de moisissures du genre des sphéries qui parsèment les feuilles de ces végétaux; tout, jusqu'aux cicatrices transparentes que produisent les insectes phytophages, lorsque, dévorant les parenchymes des feuilles par places, ils ne laissent que l'épiderme translucide. Les imitations sont produites par des taches nacrées qui correspondent à des taches semblables de la face supérieure des ailes »[1].

Ces exemples extrêmes ont suscité de nombreuses tentatives d'explication, dont à vrai dire aucune n'est satisfaisante. Même le mécanisme du phénomène n'est pas éclairci. Certes on peut remarquer avec E.-L. Bouvier que les espèces mimétiques dérivent du type normal par l'adjonction d'ornements : « expansions latérales du corps et des appendices chez les Phyllies, sculptures des ailes supérieures chez les Flatoïdes, développement de tubérosités dans beaucoup de chenilles arpenteuses, etc... »[2]. Mais c'est là un singulier abus du mot « ornement » et surtout c'est plus une constatation qu'une explication. La notion de *préadaptation* (les insectes recherchant les milieux où s'harmonisent les ébauches de leur teinte dominante ou s'accommodant à l'objet auquel ils ressemblent le plus) est insuffisante

1. R. Perrier, *Cours de zoologie*, 5e édit., Paris, 1912. Cité dans Murat, *op. cit.*, p. 27-28.
2. Bouvier, *op. cit.*, p. 146.

de son côté en face de phénomènes d'une pareille précision. Encore plus insuffisant est le recours au hasard, même à la façon subtile de Cuénot. Celui-ci s'attache d'abord au cas de certaines Phyllies de Java et de Ceylan (*Ph. siccifolium* et *Ph. pulchrifolium*), qui vivent de préférence sur les feuilles du goyavier, à quoi elles ressemblent par l'étranglement sub-terminal de leur abdomen. Or le goyavier n'est pas une plante indigène, mais a été importé d'Amérique. Aussi, dans cet exemple, si la similitude existe, elle est fortuite. Sans s'inquiéter du caractère exceptionnel (à vrai dire unique) de ce fait, Cuénot avance que celle du papillon *Kallima* n'est pas moins le résultat du hasard, étant produite par la simple accumulation de facteurs (appendice en forme de pétiole, ailes supérieures lancéolées, nervure médiane, zones transparentes et miroirs) qui se trouvent isolément dans des espèces non mimétiques et n'y sont point remarquables : « La ressemblance est donc obtenue par l'addition d'un certain nombre de petits détails, dont chacun n'a rien d'exceptionnel et se retrouve isolé chez des espèces voisines, mais dont la réunion produit une extraordinaire imitation de feuille sèche, plus ou moins réussie suivant les individus, qui diffèrent entre eux très notablement... C'est une combinaison comme une autre, étonnante à cause de sa ressemblance avec un objet[1]. » De même, selon cet auteur, la chenille arpenteuse de l'*Urapteryx sambucaria* est

---

1. Cuénot, *op. cit.*, p. 363 sq. Dans la 3e édit. de son ouvrage, il cite en effet des cas de ressemblances, dont le caractère fortuit n'est pas niable : ainsi le champignon *Phallus Impudicus* analogue à un pénis en

une *combinaison comme une autre* d'une attitude caractéristique, d'une certaine couleur de peau, de rugosités tégumentaires et de l'instinct de vivre sur certains végétaux. Il ne s'agit d'ailleurs même pas d'un instinct. La ressemblance avec le support peut en effet s'expliquer très naturellement comme un simple épiphénomène, car « c'est pour une raison mécanique évidente que les insectes plats, comme les Phyllies, adoptent de préférence des arbustes à larges feuilles coriaces qui les supportent convenablement, tandis qu'un insecte allongé comme notre phasme *Clonopsis gallica* trouve un habitat de choix sur les branches fines et multiples du genêt (Arcachon) ou d'un guêtale des dunes, l'*Ephedra distachya* (Loire-Atlantique) qui lui offrent de nombreux points d'accrochage[1] ». On peut n'être pas convaincu par cet argument, car il n'est nullement nécessaire au point de vue mécanique, que les insectes plats demeurent toujours sur des plantes à larges feuilles et les insectes-bâtonnets sur des arbustes à brindilles : c'est seulement plus commode[2]. Surtout il est difficile de croire que la ressemblance obtenue soit le résultat de *combinaisons comme une autre* de certains détails, car ceux-ci pourraient être réunis sans

érection ou les pseudo-paysages dessinés par les dendrites d'oxydes métalliques sur des pierres lithographiques (p. 517). Mais ces ressemblances sont beaucoup plus équivoques, laissent beaucoup plus de part à l'interprétation que les cas valables de mimétisme.
1. Cuénot, *op. cit.*, 3e édit., p. 520-521.
2. Je prie le lecteur de se reporter aux photographies qui illustrent le premier état de cette étude dans *Minotaure n° 7* et qui n'ont nullement été choisies dans cette intention : on verra (p. 5) des phyllies très à leur aise sur des brindilles et (p. 9) un phasme géant progressant sur de larges feuilles coriaces. On voit combien l'argument de Cuénot est relatif.

qu'ils *se composent*, sans qu'ils concourent à
quelque ressemblance : ce n'est pas la présence
simultanée des éléments qui est troublante et
décisive, c'est leur *organisation mutuelle*, leur
topographie réciproque.

Mieux vaut adopter dans ces conditions une
hypothèse hasardeuse qu'on pourrait tirer d'une
remarque de Le Dantec[1], suivant laquelle chez
les ancêtres du *Kallima*, il aurait pu y avoir un
jeu d'organes cutanés permettant la simulation
des imperfections des feuilles : le mécanisme
imitateur aurait disparu, le caractère morphologique une fois acquis (c'est-à-dire, dans le cas
présent, la ressemblance une fois obtenue) selon
la loi même de Lamarck. Le mimétisme morphologique pourrait être alors, à l'instar du mimétisme chromatique, une véritable photographie,
mais de la forme et du relief, une photographie
sur le plan de l'objet et non sur celui de l'image,
reproduction dans l'espace tridimensionnel avec
le plein et la profondeur : photographie-sculp-
ture ou mieux *téléplastie* si l'on dépouille le mot
de tout contenu métapsychiste.

Cette hypothèse, qui ne paraît pas avoir été
même formulée, apparaît en fin d'analyse comme
la seule vraisemblable : elle implique en tout et
pour tout une certaine plasticité de l'organisme à
une époque donnée, grâce à quoi sa morphologie
a pu être modelée suivant des influences
aujourd'hui inopérantes, au moins dans les
conditions normales. Mais cette plasticité n'est-
elle pas le postulat fondamental de toute théorie

1. Le Dantec, *op. cit.*, p. 143.

transformiste? Or le transformisme, après les apports décisifs de la paléontologie, est plus un fait qu'une théorie. De plus, cette hypothèse de la photographie des formes, étant purement mécaniste, permet de faire l'économie de la théorie de Le Dantec qui donne le rôle déterminant à la volonté de l'insecte, la ressemblance, d'abord vague, se précisant grâce à celle-ci peu à peu. Il s'agirait d'une imitation volontaire. Ainsi, ce serait le cas des bacilles : « à force de jouer au bâton desséché, et par un phénomène normal de cinétogenèse, ces insectes curieux sont arrivés à acquérir une ressemblance morphologique de plus en plus marquée avec un amas de petits bouts de bois »[1]. De même le *Kallima* se serait autrefois *ingénié* à imiter volontairement une feuille d'arbuste. Certes, on aperçoit sans peine ce qui a poussé l'auteur à une assertion aussi désespérée, c'est que la sélection naturelle, facteur passif, est incapable de produire par elle-même un fait nouveau[2]. C'est en effet la sélection naturelle qui, en général et depuis Wallace lui-même, a fait les frais de l'explication du mimétisme qu'elle présente comme une réaction de défense. E. Rabaud a montré dans une trop subtile discussion qu'elle devrait alors avoir été dans les stades intermédiaires de l'évolution vers la ressemblance, un moyen de protection à la fois suffisant et insuffisant : suffisant, pour que l'espèce ne disparaisse pas, insuffisant, pour que la transformation progresse. D'autre part, on ne saurait admettre que la venue d'une forme invi-

1. *Ibid.*, p. 143-144.
2. *Ibid.*, p. 120.

sible rende visible la forme précédente, invisible
jusque-là. Cette forme précédente, ou bien était
visible et le mimétisme ne protégeait pas l'animal, ou bien était invisible et l'insecte n'avait
aucun besoin de perfectionner sa ressemblance[1].
Si l'on objecte la possibilité d'une contre-adapta-
tion de l'acuité visuelle du prédateur à la
manière de la concurrence des obus et des
blindages, Rabaud se demande où mène ce per-
fectionnement indéfini : « L'invisibilité a cependant une limite qui est de se confondre entièrement pour un œil donné, avec l'environnement; à
partir de cette limite, l'invisibilité ne change
qu'en cessant d'exister, ce qui nous conduit aux
confins de l'absurde[2]. »

Des raisons plus immédiates et en même
temps moins soupçonnables de sophisme, empê-
chent que le mimétisme soit considéré comme
une réaction de défense. D'abord, il ne serait
valable que pour les carnassiers qui chassent par
la vue, et non par l'odorat comme c'est souvent
le cas. De plus ceux-ci, très généralement, ne se
soucient pas des proies immobiles : l'immobilité
serait donc à leur égard une meilleure défense
et, de fait, les insectes ne se font pas faute, loin
de là, d'employer la fausse rigidité cadavérique[3].
Il est d'autres moyens : un papillon pour se
rendre invisible peut – sans plus – utiliser la
tactique du *Satyride asiatique* dont, au repos, les
ailes plaquées ne présentent qu'une ligne presque sans épaisseur, imperceptible, perpendicu-

1. Rabaud, *Eléments...*, pp. 417-418.
2. *Ibid.*, p. 430.
3. Cuénot, *op. cit.*, p. 461.

laire à la fleur où il est posé et qui tourne en même temps que l'observateur[1], de façon que, toujours, celui-ci n'aperçoive que cette surface minima. Les expériences de Judd[2] et de Foucher[3] ont tranché définitivement la question : les prédateurs ne se laissent nullement tromper par l'homomorphie ou l'homochromie; ils mangent des acridiens confondus avec le feuillage des chênes, ou des charançons semblables à de petites pierres, parfaitement invisibles pour l'homme. Le phasme *Carausius Morosus* qui simule par sa forme, sa couleur et son attitude, un ramuscule végétal ne peut être élevé en plein air, car les moineaux le découvrent aussitôt et s'en repaissent. D'une manière générale, on trouve dans les estomacs des prédateurs de nombreux restes d'insectes mimétiques. Aussi ne doit-on pas s'étonner que ceux-ci aient quelquefois d'autres moyens de protection plus efficaces. Inversement, des espèces non comestibles, n'ayant par conséquent rien à craindre, sont mimétiques. Il semble donc qu'on doive conclure avec Cuénot que c'est là un « épiphénomène » dont « l'utilité défensive paraît nulle »[4]. Déjà Delage et Goldsmith avaient signalé dans le *Kallima* une « exagération de précautions »[5].

1. Murat, *op. cit.*, p. 46.
2. *The efficiency of some protective adaptations in securing insects from Birds*, The american naturalist, XXXIII, 1899, p. 461.
3. *Bull. Soc. nat. acclim. Fr.*, 1916.
4. Cuénot, *op. cit.* p. 463. Sur l'efficacité du mimétisme, voir Davenport, *Elimination of self-coloured birds*, Nature, LXXVIII, 1898, p. 101, et Doflein, *Ueber Schutzanpassung durch Aehnlichkeit*, Biol. Centr., XXVIII, 1908, p. 243; Pritchett, *Some experiments in feeding lizards with protectively coloured insects*, Biol. Bull., V, 1903, p. 271. Voir de plus la bibliographie de Cuénot, *op. cit.*, p. 467.
5. Delage et Goldsmith, *op. cit.*, p. 74.

On a donc affaire à un *luxe* et même à un luxe dangereux, car il n'est pas sans exemple que le mimétisme fasse tomber l'animal de mal en pis : les chenilles arpenteuses simulent si bien les pousses d'arbuste que les horticulteurs les taillent avec un sécateur[1]; le cas des Phyllies est encore plus misérable : elles se broutent entre elles, se prenant pour de véritables feuilles[2], en sorte qu'on pourrait croire à une sorte de masochisme collectif aboutissant à l'homophagie mutuelle, la simulation de la feuille étant une *provocation* au cannibalisme dans cette manière de festin totémique.

Cette interprétation n'est pas si gratuite qu'elle paraît : en effet, il semble subsister chez l'homme des virtualités psychologiques qui correspondent étrangement à ces faits : même en laissant de côté le problème du totémisme qu'il serait certainement plaisant d'aborder de ce point de vue, il reste l'immense domaine de la magie mimétique selon laquelle le semblable produit le semblable et sur quoi toute pratique incantatoire est plus ou moins fondée. Il est inutile de reproduire ici les faits : on les trouvera classés et catalogués dans les ouvrages classiques de Tylor, Hubert et Mauss, et Frazer. Un point cependant doit être signalé, la correspondance, heureusement mise en lumière par ces auteurs, des principes de la magie et de ceux de l'association des idées; à la loi magique : *les choses qui ont été une fois en contact restent unies*, correspond l'association par contiguïté, de même que l'asso-

1. Murat, *ibid.*; Bouvier, *op. cit.*, p. 142-143.
2. Murat, *op. cit.*, p. 36.

ciation par ressemblance correspond très exactement à l'*attractio similium* de la magie : *le semblable produit le semblable*[1]. Ainsi les mêmes
principes gouvernent ici, l'association subjective
des idées et là, l'association objective des faits;
ici, les liaisons fortuites ou soi-disant telles des
idées et là, les liaisons causales ou soi-disant
telles des phénomènes[2].

L'essentiel est qu'il reste chez le « primitif »
une tendance impérieuse à imiter jointe à la
croyance à l'efficacité de cette imitation, tendance encore assez puissante chez le « civilisé »
pour demeurer en lui l'une des deux conditions
du cheminement de sa pensée livrée à elle-
même, étant mis à part, pour ne pas compliquer
immodérément le problème, la question générale
de la *ressemblance* qui est loin d'être élucidée et
qui joue un rôle quelquefois décisif dans l'affectivité et, sous le nom de *correspondances*, dans
l'esthétique.

Cette tendance dont il devient ainsi difficile de
contester l'universalité pourrait avoir été la force
déterminante responsable de l'actuelle morphologie des insectes mimétiques, au moment où
l'organisme de ceux-ci était plus plastique qu'aujourd'hui, comme il faut le supposer de toute
façon à partir du fait transformiste. Le mimétisme serait donc à définir correctement comme
une incantation fixée à son point culminant et

1. Naturellement la même correspondance existe pour l'association
par contraste et la loi magique : *le contraire agit sur le contraire.* Il est
facile de réduire, dans l'un ou l'autre domaine, ce cas à celui de la
ressemblance.
2. Cf. H. Hubert et M. Mauss, *Esquisse d'une théorie générale de la
Magie*, Année sociologique, t. VII, Paris, 1904, p. 61-73.

ayant pris le sorcier à son propre piège. Qu'on ne dise pas que c'est folie d'attribuer la magie aux insectes : l'application nouvelle des mots ne doit pas dissimuler la profonde simplicité de la chose. Comment appeler autrement que *magie prestigieuse et fascination* certains phénomènes qu'on a unanimement classés précisément sous le nom de mimétisme? A mon sens, on s'en souvient, cette classification est abusive, puisque selon moi, les ressemblances perçues sont trop réductibles en ce cas à l'anthropomorphisme, mais nul doute que, débarrassés de ces exagérations contestables et réduits à l'essentiel, ces faits ne soient analogues au moins pour leur genèse à ceux du véritable mimétisme. Je pense aux phénomènes dont j'ai rapporté quelques-uns plus haut (exemples du *Smerinthus ocellata*, du *Caligo*, de la chenille du *Choerocampa Elpenor*) et dont l'exhibition soudaine d'ocelles par la mante dans l'attitude spectrale, quand il s'agit de paralyser la proie, n'est pas le moindre.

Le recours à la tendance magique de la recherche du semblable ne peut d'ailleurs être qu'une première approximation, car il convient d'en rendre compte à son tour. La recherche du semblable apparaît comme un moyen, sinon comme un intermédiaire. La fin semble bien être *l'assimilation au milieu*. Ici, l'instinct complète la morphologie : le *Kallima* se place symétriquement à une véritable feuille, l'appendice de ses ailes inférieures à la place qu'occuperait un véritable pétiole; l'*Oxydia* se pose perpendiculairement à l'extrémité d'un rameau, car la disposition de la tache qui figure la nervure médiane l'exige ainsi; les *Clolia,* papillons du Brésil, se disposent en file sur de petites tiges de façon à figurer des clochettes, à la manière d'un brin de muguet par exemple[1].

On dirait qu'il s'exerce une véritable *tentation de l'espace.*

D'autres phénomènes d'ailleurs concourent à la même fin, comme les prétendus « revêtements protecteurs ». Les larves d'*éphémères* se façonnent un fourreau-étui avec des brindilles et des graviers, celles des *Chrysomélides* avec leurs excréments; les mollusques gastéropodes du genre *xenophora* se chargent de fardeaux inutiles[2]. Les crabes *oxyrhinques* ou araignées de mer cueillent au hasard et plantent sur leur carapace les algues et les polypes du milieu où ils vivent et « le déguisement apparaît comme un acte d'automatisme pur »[3], car ils se vêtent de tout ce qu'on leur propose, y compris des éléments les plus voyants (expériences d'Hermann Fol, 1886). Ce comportement en outre dépend de la vision, car il n'a lieu ni la nuit ni après l'ablation des pédoncules oculaires (expériences d'Aurivillius, 1889), ce qui indique encore qu'il s'agit d'un trouble de la perception de l'espace[4].

---

1. Murat, *op. cit.,* p. 37.
2. Cf. Vignon, *op. cit.,* pp. 320-329.
3. Bouvier, *op. cit.,* p. 147-151. De même la conclusion pour les insectes : « à l'insecte qui se déguise, il faut le contact de corps étrangers et peu importe la nature des corps qui produisent le contact », p. 151.
4. Cependant si l'on change la nature du fond, le crabe se dépouille et emprunte une livrée nouvelle. Vignon, d'autre part, remarque justement que le crabe a encore avantage à se vêtir d'algues ou même de papier, sur un fond de cailloux, car l'essentiel pour lui est de ne plus paraître un animal. C'est un préjugé anthropomorphique que de penser qu'il est plus voyant habillé de papiers. Enfin Minkiewicz a montré que le crabe est sensible aux couleurs : frappé par tels rayons,

En somme, dès l'instant où il ne peut plus être un processus de défense, le mimétisme ne peut être que cela. Du reste, la perception de l'espace est sans nul doute un phénomène complexe : l'espace est indissolublement perçu et représenté. A ce point de vue, c'est un double dièdre changeant à tout moment de grandeur et de situation[1] : *dièdre de l'action* dont le plan horizontal est formé par le sol et le plan vertical par l'homme même qui marche et qui, de ce fait, entraîne le dièdre avec lui; *dièdre de la représentation* déterminé par le même plan horizontal que le précédent (mais représenté et non perçu) coupé verticalement à la distance où l'objet apparaît. C'est avec l'espace représenté que le drame se précise, car l'être vivant, l'organisme, n'est plus l'origine des coordonnées, mais un point parmi d'autres; il est dépossédé de son privilège et, au sens fort de l'expression, *ne sait plus où se mettre*. On a déjà reconnu le propre de l'attitude scientifique[2] et, de fait, il est remarquable que la science contemporaine multiplie précisément les espaces représentés : espaces de Finsler, de Fermat, hyper-espace de Riemann-Christoffer, espaces abstraits, généralisés, ouverts, fermés, denses en soi, clairsemés, etc. Le sentiment de la personnalité, en tant que sentiment de la distinction de l'organisme dans le

il répond par une réaction chromo-cinétique. Ainsi, éclairé de lumière verte, il se vêt de papiers verts, etc. (sauf dans le noir où il se vêt de toutes couleurs). Il semble donc bien, tout compte fait, que son comportement soit automatique (chromo-tropisme). Cf. P. Vignon, *op. cit.*, p. 342 et suiv.

1. Cf. L. Lavelle, *La Perception visuelle de la profondeur*, Strasbourg, 1921, p. 13.

2. A la limite, pour la science tout est milieu.

milieu, de la liaison de la conscience et d'un point particulier de l'espace ne tarde pas dans ces conditions à être gravement miné; on entre alors dans la psychologie de la psychasthénie et plus précisément de la *psychasthénie légendaire,* si l'on consent à nommer ainsi le trouble des rapports définis ci-dessus de la personnalité et de l'espace.

Il n'est possible ici que de résumer grossièrement ce dont il s'agit, les ouvrages cliniques et théoriques de Pierre Janet étant au surplus à la portée de chacun. Au demeurant, je ferai surtout état, dans une courte description, d'expériences personnelles, entièrement en accord d'ailleurs avec les observations publiées dans la littérature médicale, par exemple avec la réponse invariable des schizophrènes à la question : où êtes-vous? « *je sais où je suis, mais je ne me sens pas à l'endroit où je me trouve* »[1]. L'espace semble à ces esprits dépossédés une puissance dévoratrice. L'espace les poursuit, les cerne, les digère en une phagocytose géante. A la fin, il les remplace. Le corps alors se désolidarise d'avec la pensée, l'individu franchit la frontière de sa peau et habite de l'autre côté de ses sens. Il cherche à se voir d'un point quelconque de l'espace. Luimême se sent devenir de l'espace, *de l'espace noir, où l'on ne peut mettre de choses.* Il est semblable, non pas semblable à quelque chose, mais simplement *semblable.* Et il invente des espaces dont il est « la possession convulsive ».

---

1. Cf. E. Minkowski, *Le Problème du temps en psychopathologie,* Recherches philosophiques, 1932-1933, p. 239.

Toutes ces expressions[1] mettent en lumière un
même processus : *la dépersonnalisation par assimilation à l'espace*, c'est-à-dire ce que le mimétisme réalise morphologiquement dans certaines
espèces animales. L'emprise magique (on peut
véritablement l'appeler ainsi sans écart de langage) de la nuit et de l'obscurité, *la peur dans le
noir*, a sans doute, elle aussi, ses racines dans le
péril où elle met l'opposition de l'organisme et
du milieu. Les analyses de Minkowski sont ici
précieuses : l'obscurité n'est pas la simple
absence de lumière; il y a quelque chose de
positif en elle. Alors que l'espace clair s'efface
devant la matérialité des objets, l'obscurité est
« étoffée », elle touche directement l'individu,
l'enveloppe, le pénètre et même passe au travers : ainsi « le moi est *perméable* pour l'obscurité tandis qu'il ne l'est pas pour la lumière »; la
sensation de mystère que fait éprouver la nuit ne
viendrait pas d'autre chose. Minkowski en arrive
également à parler d'*espace noir* et presque d'indistinction entre le milieu et l'organisme : « L'espace noir m'enveloppe de toutes parts et pénétrant en moi bien davantage que l'espace clair, la
distinction du dedans et du dehors et par conséquent aussi les organes des sens en tant qu'ils
sont destinés à la perception extérieure ne
jouent ici qu'un rôle tout à fait effacé[2] ».

Cette assimilation à l'espace s'accompagne

1. Elles sont tirées de notes introspectives prises pendant une crise
de « psychasthénie légendaire », volontairement aggravée à des fins
d'ascèse et d'interprétation.
2. E. Minkowski, *Le Temps vécu. Etudes phénoménologiques et psy-
chopathologiques*, Paris, 1933, p. 382-398 : *le problème des hallucina-
tions et le problème de l'espace.*

obligatoirement d'une diminution du sentiment de la personnalité et de la vie; il est remarquable en tout cas que chez les espèces mimétiques, le phénomène ne s'effectue jamais que dans un seul sens[1] : l'animal mime le végétal, feuille, fleur ou épine, et dissimule ou abandonne ses fonctions de relations. *La vie recule d'un degré.* Quelquefois l'assimilation ne s'arrête pas à la surface : les œufs des phasmes ressemblent à des graines, non seulement par leur forme et leur couleur, mais aussi par leur structure biologique interne[2]. D'autre part, des attitudes cataleptiques aident souvent l'insecte dans son insertion dans l'autre règne : immobilité des charançons, tandis que les Phasmides bacilliformes laissent pendre leurs longues pattes, sans parler de la rigidité des chenilles arpenteuses dressées toutes droites, qui ne peut pas ne pas évoquer la contracture hystérique[3]. Inversement le balancement machinal des mantidés n'est-il pas comparable à un tic?

Il y a plus : souvent l'insecte s'assimile non seulement au végétal ou à la matière, mais encore au végétal corrompu, à la matière décomposée. Ainsi l'araignée thomise ressemble à une fiente d'oiseau, la toile mimant la partie la plus liquide et, en même temps, la plus vite séchée de l'excrément et s'allongeant en forme de goutte qui aurait coulé sur la feuille[4]. Une chenille

---

1. On a vu pour quelles raisons il convenait de récuser les cas où l'animal mimait un autre animal : ressemblances mal établies objectivement et phénomènes de fascination prestigieuse plus que de mimétisme.
2. Travaux de Henneguy (1885) pour les Phyllium.
3. Cf. Bouvier, *op. cit.*, p. 143.
4. De plus, l'araignée exhale une odeur d'urine qui attire les mouches (observation de Jacobson, 1921). Cf. Vignon, *op. cit.*, p. 359-361.

décrite par Poulton affecte la même ressemblance, avec un mimétisme parfait de forme, de couleur et de consistance. « La forme générale, dit Vignon, serait celle d'un cylindre si la bête ne se dilatait l'arrière du thorax et si elle ne dressait dorsalement en ce point une tigelle, un fil que termine un globule. » La chenille se suspendant la tête en bas « le renflement thoracique devient alors une pseudo-masse visqueuse que soidisant la pesanteur produit et fait grossir, la tigelle est un filament gélatineux et le bouton terminal un globule tout près de choir »[1]. De même, un papillon du British Museum apparaît au repos comme un petit amas allongé, blanchâtre à l'une de ses extrémités et noir à l'autre, tout à fait identique à une fiente d'oiseau. Sur la même feuille, un excrément réel et le papillon sont indiscernables[2].

Les sauterelles feuilles (Ptérochroses et Phancroptérides) de l'Amérique tropicale, étudiées par Picado, Balt et Vignon[3], qui constituent les cas les plus parfaits peut-être de mimétisme, manifestent un choix aussi pervers de l'objet mimé. Les élytres de ces insectes représentent des feuilles avec la plus minutieuse exactitude, mais des feuilles échancrées. Or, demande Vignon[4], une feuille intacte est-elle moins feuille qu'une feuille dévorée? De plus, c'est le mâle, moins précieux pour l'espèce, qui montre ce

1. Vignon, *ibid.*, p. 362-363.
2. *Ibid.*, p. 401.
3. Pigado, « Documents sur le mimétisme recueillis en Costa-Rica », *Bull Sc. France-Belgique*, VII (1910), II, p. 89-108; Balt, *The Naturalist in Nicaragua*, New York, 1873; Vignon, *op. cit.*, p. 422-459.
4. Vignon, *ibid.*, p. 425.

surcroît de mimétisme et il l'arbore ventrale-
ment, à un endroit presque invisible. L'échancrure d'ailleurs est différente chez chaque mâle,
car l'insecte mangeant une feuille débute et
progresse. Chez la *Tanusia arrosa*, au repos, le
lobe de l'aile inférieure collabore avec l'élytre de
façon à renforcer, en dépassant celui-ci, l'échancrure simulant les dégâts produits par un insecte. D'autres espèces imitent les minuscules
boucliers sur lesquels mûrissent les pores du
champignon *Microthyrium* et les taches rondes et
noires du *Myocopron*[1]. L'insecte ne paraît vouloir
donner à son corps qu'un aspect desséché,
pourri ou moisi : une soi-disant nécrose gagne
« tout à fait typiquement, d'une façon merveil-
leusement logique, la base des élytres ». Cette
fois, continue Vignon, c'est une décomposition
du type animal et non plus végétal, et la fausse
nécrose feint de progresser « à la zone dont
l'allure est franchement cadavérique succède
une région brune, dégradée, qui semble être en
voie de se corrompre[2] ». Le fémur postérieur de
la sauterelle est spécialement gâté, car il doit
s'harmoniser avec la pseudo-nécrose de la partie
qu'il recouvre. Sur l'élytre du *Metaprosagoga insignis*, la fausse tache rongée est d'environ 23 mm
et les nervures sont respectées comme s'il s'agissait réellement de l'œuvre d'un insecte rongeur[3].
Vignon n'a jamais constaté que des imitations de
vieille feuille : « Je dis la vieille feuille, insiste-t-il,
si, en effet, le Muséum possède un *Pterochroza*

1. *Ibid.* p. 443; Cf. Planche XIII.
2. *Ibid.*, p. 452.
3. *Ibid.*, p. 456; cf. Planche XVI, 2.

vert, d'un vert terne, je n'en connais aucun qui
mime la feuille brillante et gaie.[1] » On ne saurait
mieux marquer le caractère foncièrement déficient, tourné vers l'immobilité et le retour à
l'inorganique, qui me paraît l'essentiel du phénomène.

Ces données d'ailleurs sont si impératives
qu'elles forcent la plume de l'observateur.
Vignon a bien suggéré, il est vrai, en maint
endroit de son développement, que l'inutile et
luxueux mimétisme des insectes qu'il étudie n'est
là que pour l'esthétique pure[2], que c'est de l'art
pour l'art[3], du décor[4], de la recherche, de l'élégance[5]. Mais cette explication, si étrange chez un
savant, ne fait que traduire son désarroi devant
des faits auxquels il ne conçoit même pas de
finalité possible. Il n'en est pas moins obligé, à la
fin, de poser la question des rapports de l'espace

1. *Ibid.*, p. 446. Parfois les Ptérochroses cumulent l'imitation du
végétal malade et de l'excrément : l'une d'elles arbore sur sa feuille-
élytre une tache noire simulant une fiente de chenille (cf. Vignon,
p. 455) et sur les ailes de la *Tanusia colorata*, une marque blanche
mime un excrément d'oiseau, excrément à demi lavé et effacé par la
pluie sur la variété *pieta* de la *Tanusia Cristata* de Londres, précise
Vignon (p. 440; planche XII).
2. A propos des bordures anguleuses déchirées du *Maxates caela-
riata* de Ceylan et du *M. Macarista* du nord de l'Inde : « l'insecte
utilise cette fois à des fins esthétiques pures l'idée " feuille malade " »...
p. 398. A propos des bandes chatoyantes d'un papillon de l'Inde
centrale : « en tout cas, elles sont là pour l'esthétique », p. 399.
3. P. 403, à propos du *Kallima*.
4. A propos des « fenêtres » des élytres-feuilles des Ptérochroses,
qui ne sont visibles qu'au cours du vol à un moment où l'insecte ne
ressemble en rien à une feuille : « c'est là un des multiples faits qui
prouvent que dans ces minuties, le mimétisme a souvent une mission
d'art ou de science. Dans de tels cas, il décore, il obéit à une intime et
mystérieuse logique, bien plutôt qu'il ne protège », p. 423. Cf. p. 425,
où l'échancrure des élytres est donnée comme une *hypertélie* (un
phénomène qui dépasse sa fin), un décor.
5. « A quoi sert cette ornementation des *Problepsis*, des *Urapterix*,
des *Absyrthes*? A rien. Cela est recherché, cela est élégant, cela est
beau », p. 400.

et de l'individualité, dans la conclusion intitulée :
« le vivant, dans l'espace tel que la physique le
conçoit ». Il lui faut bien d'abord reconnaître
l'indistinction matérielle de l'être et de son
milieu. Ce n'est que la sphère d'extension d'une
certaine activité complète en soi, qui découpe et
compose le premier dans le second : « Un vivant
habite la portion d'étendue où il plie à l'obéis-
sance les atomes, donc les centres électriques qui
sont les actuels matériaux de son plasma. Semé
d'électrons et de photons, il est là, sans frontières
naturelles. Et maintenant, parmi les activités qui
donnent aux forces d'espace leurs pouvoirs, il y a
la *sienne*[1]. » Du fait que le vivant soit *là* en
chaque point de son corps, il possède une certaine ubiquité, déjà il *outrepasse l'étendue* et vit
dans *l'outre-espace*, comme s'exprime Vignon,
selon qui toute image-souvenir est aussi de
l'outre-espace, car « trace plasmatique, le souvenir eût été recouvert et détruit aussitôt, d'autant
plus que le métabolisme végétal aurait remplacé
les cellules en tout ou partie entre la fixation et
une lointaine évocation ». Le vivant apparaît
donc un « étrange espace à quoi l'outre-espace
donne l'être »[2]. Dans ces conditions, on conçoit
que l'espace inorganisé ne cesse d'exercer sur lui
une sorte de séduction, continue à l'alourdir, à le
retenir, toujours prêt à le ramener en arrière
pour combler la différence de niveau qui isole
l'organique dans l'inorganique. De fait, on touche
ici à cette loi fondamentale de l'univers que le
principe de Carnot notamment met en vive

1. *Ibid.*, p. 463.
2. *Ibid.*, p. 466-467.

lumière : *le monde tend vers l'uniformité.* Qu'on lance un morceau de métal chaud dans de l'eau tiède : les températures s'égalisent au lieu que leur écart s'accroisse, au lieu que le métal devienne brûlant et l'eau glacée, celle-ci cédant sa chaleur à celui-là, loin de lui emprunter la sienne jusqu'à ce que l'équilibre s'établisse. De même, aux variations de mouvement s'oppose l'inertie, qui les freine en développant une force proportionnelle à leur grandeur. De même encore, les phénomènes de self-induction contrarient les variations d'intensité du courant électrique, agissant en sens inverse selon qu'il croît ou décroît. Dans le monde végétal, la dialectique se révèle identique : ainsi la loi de dépolarisation dans le développement des feuilles. « Dès que la croissance s'exagère suivant une certaine direction, il se développe dans l'être vivant une force qui tend à s'opposer à cette croissance », écrit Georges Bohn[1], commentant le fait que les feuilles du platane, au cours du développement de l'arbre, sont de plus en plus grandes et leurs pétioles de plus en plus larges cependant que les nervures latérales postérieures et le limbe ont tendance à être rejetés en arrière.

Remontant plus haut dans l'échelle organique, on a parfois donné le sommeil aussi comme phénomène de dépolarisation intervenant pour modérer et compenser une excessive activité.

On est ainsi fondé à regarder le mimétisme comme le résultat d'une sorte d'instinct, entendant par là, avec Klages, un mouvement qui joint

---

1. *La Forme et le mouvement*, Paris, 1926, p. 130.

le besoin physiologique, agissant comme force efficiente, à l'image qui en promet l'apaisement, agissant comme force finale[1]. Ainsi, les phénomènes mimétiques sont produits par un semblable mouvement et constituent en même temps l'image apaisante du besoin qui le détermine.

Dès lors, ce n'est plus seulement la psychasthénie qui s'apparente au mimétisme, mais l'impératif de connaissance lui-même, dont elle représente d'ailleurs une perversion. La connaissance tend, on le sait, à la suppression de toutes les distinctions, à la réduction de toutes les oppositions, en sorte que son but paraît être de proposer à la sensibilité la solution idéale de son conflit avec le monde extérieur et de satisfaire ainsi, en elle, la tendance à l'abandon de la conscience et de la vie. Elle lui présente aussitôt, elle aussi, une *image apaisante*, et prometteuse, la représentation scientifique du monde où le tableau des molécules, atomes, électrons, etc. dissocie l'unité vitale de l'être. Il existe même dans la rigueur et l'impersonnalité de la méthode scientifique quelque chose qui rend son mécanisme plus attirant encore peut-être que ses résultats finaux, tant il semble qu'en elle le chemin préfigure le but et qu'ils concourent tous deux aux mêmes effets.

Le désir de l'assimilation à l'espace, de l'identification à la matière apparaît fréquemment dans la littérature lyrique : c'est le thème panthéiste de la fusion de l'individu dans le tout,

---

1. L. Klages, *Der Geist als Widersacher der Seele*, Leipzig, 1929-1932, p. 598. D'ailleurs, il est remarquable que pour Klages le siège de l'âme soit à la périphérie plutôt qu'au centre du corps.

thème où précisément la psychanalyse voit l'expression d'une sorte de regret de l'inconscience prénatale[1].

Des faits convergents, enfin, apparaissent dans l'art, pour peu qu'on les y cherche : ainsi les extraordinaires motifs de la décoration populaire slovaque qui sont tels qu'on ignore s'il s'agit de fleurs qui ont des ailes ou d'oiseaux qui ont des pétales; ainsi les tableaux peints vers 1930 par Salvador Dali où, quoi qu'en dise l'auteur[2], ces hommes, dormeuses, chevaux, lions invisibles sont moins le fait d'ambiguïtés ou de plurivocités paranoïaques que d'assimilations mimétiques de l'animé à l'inanimé.

*

Il est hors de doute que certains des développements précédents sont loin d'offrir toutes garanties du point de vue de la certitude. Il peut même paraître condamnable de rapprocher des réalités aussi diverses que, avec l'homomorphie, la morphologie externe de certains insectes, avec la magie mimétique, le comportement concret d'hommes d'un certain type de civilisation et peut-être d'un certain type de pensée, avec la psychasthénie, enfin, les postulations psychologiques d'hommes relevant, à ces points de vue, des types opposés. Cependant de telles confrontations me semblent non seulement légitimes (il

1. Voir dans le chapitre précédent le passage cité de *La Tentation de saint Antoine* où l'Ermite subissant la séduction de l'espace matériel veut se diviser partout, être en tout, « pénétrer chaque atome, descendre jusqu'au fond de la matière, être la matière ».
2. Salvador Dali, *La Femme visible*, Paris, 1930, p. 15.

est tout de même impossible de condamner la biologie comparée), mais presque indispensables dès qu'on aborde le domaine obscur des déterminations inconscientes. D'ailleurs, la solution proposée ne recouvre rien qui doive inciter les soupçons de la rigueur : elle insinue seulement qu'à côté de l'instinct de conservation qui en quelque manière polarise l'être vers la vie, se révèle très généralement une sorte d'*instinct d'abandon* le polarisant vers un mode d'existence réduite, qui, à la limite, ne connaîtrait plus ni conscience ni sensibilité : *l'inertie de l'élan vital*, pour ainsi dire, cas particulier de la loi générale qui veut que toute action engendre en se développant, et proportionnellement à ce développement, une réaction qui la contrarie.

*

C'est sur ce plan qu'il peut être satisfaisant de donner une racine commune aux phénomènes de mimétisme tant biologique que magique[1] et à l'expérience psychasthénique, puisque aussi bien les faits semblent en imposer une : cette *sollicitation de l'espace* aussi élémentaire et mécanique que les tropismes et sous l'effet de laquelle la vie paraît perdre du terrain, brouillant dans sa retraite la frontière de l'organisme et du milieu et *reculant d'autant les limites dans lesquelles*, selon Pythagore, *il est permis de connaître, comme*

1. Ce parallèle paraîtra fondé si l'on songe à nouveau que la nécessité biologique produit un instinct ou, à son défaut, une imagination susceptible de remplir le même rôle, c'est-à-dire de susciter chez l'individu un comportement équivalent.

on doit, que la nature est partout la même. Et on
voit visiblement manifesté à quel point l'organisme vivant fait corps avec le milieu où il vit.
Autour de lui et en lui, on constate la présence
des mêmes structures et l'action des mêmes lois.
Si bien qu'à vrai dire, il n'est pas *dans* un
« milieu », il *est* encore ce « milieu » et l'énergie
même qui l'y découpe, la volonté de l'être de
persévérer dans *son* être, se consume en s'exaltant et l'attire déjà secrètement à l'uniformité
que scandalise son imparfaite autonomie.

III

Le mythe et la société

I

L'ORDRE ET L'EMPIRE

> *J'ai apporté l'ordre à la foule des êtres et soumis à l'épreuve les actes et les réalités : chaque chose a le nom qui lui convient.*
> *J'ai détruit dans l'Empire les livres inutiles. J'ai favorisé les sciences occultes, afin qu'on cherchât pour moi, dans la paix, la drogue d'immortalité.*
>
> Cheu Hoang-Ti.

Durant 866 ans, sous 34 Empereurs, la dynastie Tcheou avait gouverné l'Empire[1].

Quand l'Empereur Ou-Wang, inaugurant la dynastie, parvint au Pouvoir suprême, les fils du Seigneur de Kou-Tchou, I et Tsî ne voulant pas reconnaître le nouveau Gouvernement qu'ils

---

1. Les données dont il est fait état dans ce chapitre sont tirées des textes traditionnels où l'histoire de la Chine ancienne est relatée. La traduction utilisée est celle que le P. Wieger a publiée, accompagnée d'ailleurs du texte chinois : *Rudiments, X, Textes historiques*, t. I, Ho-kien-fou, 1902. Surtout pour la période la plus reculée, la critique moderne ne prend pas à la lettre les faits rapportés dans ces annales. Elle les considère plutôt comme une *historicisation* de légendes oubliées et de rites tombés en désuétude. Il n'importait pas pour le but que je me proposais, que les points d'appui de ma construction fussent relatifs à des événements historiques particuliers, ou à des cérémonies et coutumes périodiquement et solennellement répétées. Aussi, j'ai préféré laisser leur forme traditionnelle à toutes les données

jugeaient illégal, se retirèrent dans les montagnes. « Leur conscience, disent les *Textes*, ne leur permettant pas de manger le grain des Tcheou, ils vécurent d'herbes et de fruits sauvages. Un jour, une femme qui les rencontra dans la campagne leur dit : " Vous ne voulez pas manger le grain de Tcheou, mais ces herbes et ces fruits appartiennent aussi aux Tcheou. " Alors, ils se laissèrent mourir de faim. » Personne ne s'opposa plus à l'Eternelle Dynastie, et pour des siècles, les Rites Immuables réglèrent nuit et jour la conduite des hommes dans tous ses détails et dans les détails de ces détails. Etaient punis de mort ceux qui répandaient des fausses nouvelles comme ceux qui cherchaient à introduire des propositions neuves dans les doctrines ou des originalités dans les ustensiles ou la technique, ceux qui modifiaient les caractères d'écriture comme ceux qui prétendaient réformer sur quelque point les prescriptions concernant la coiffure, le costume, la nourriture, le sommeil et la procréation. Il n'importait pas que les vertus médiocres, telle la vertu d'humanité, fussent pratiquées, car elles n'étaient pas nécessaires à la conservation de l'Empire. Il ne fallait qu'observer les Cinq Principes Cardinaux et les Trois Vertus Indispensables dont l'exercice, n'étant

dont je me suis servi, n'ignorant pas cependant que certaines d'entre elles appartiennent moins à l'histoire qu'à la liturgie. Il n'est qu'à se reporter à leur propos à l'indispensable ouvrage de M. Marcel Granet, *Danses et légendes de la Chine ancienne*, 2 vol., Paris, 1926; on constatera ainsi notamment que le thème des flèches tirées sur une outre emplie de sang assimilée au Ciel se rapporte à la magie de l'action réflexe et à la rivalité avec le ciel d'un clan royal de forgerons (voir t. II, p. 537-549). De même, l'apparition des bandes de grues noires dansant sous l'action d'une musique magique renvoie à des fêtes de deuil où les danseurs sont mis à mort (voir t. I, p. 216-225).

point affaire d'appréciation personnelle, ne risquait de susciter aucun ferment d'instabilité.

Toute vie dans l'Empire fut uniformisée. Mais
peut-être n'oubliait-on pas les légendaires et
prestigieux scandales des souverains lyriques :
l'Empereur Chao-Hao dont l'hymne de règne fut
intitulé l'Abîme, et sous le Gouvernement duquel
le peuple se mit à craindre les Génies et les
Monstres, parce qu'il ne sut pas réprimer les
excès de neuf membres du puissant clan Lî, qui
apportaient le désordre dans les usages et les
enseignements anciens; ou l'Empereur Koei, de
la dynastie Hia, dont l'épouse Mei-Hi aimait à
entendre le bruit de la soie qu'on déchire, qui
délaissa les affaires du Gouvernement pour
déchirer à ses pieds des pièces de soie afin de lui
complaire, et qui fit creuser un palais souterrain
pour pouvoir donner des fêtes de nuit en plein
jour; ou l'Empereur Ou-I, de la dynastie Chang-
Yinn, qui modela une statue de forme humaine
qu'il appela l'Esprit du Ciel. « Il lui donna des
dés, disent les *Annales*, et ordonna à quelqu'un
de les jeter pour elle. L'Esprit du Ciel n'ayant pas
gagné la partie, il l'insulta et l'outragea de toutes
manières. Il fit aussi faire des outres de peau, les
remplit de sang et, les ayant suspendues en l'air,
il les perçait de ses flèches. Il ordonna d'appeler
ce jeu : percer de flèches le ciel. »

Sous les Tcheou, la pratique des Cinq Principes et des Trois Vertus, l'observation des innombrables rites qui perpétuaient la stabilité de
l'Empire et devaient empêcher éternellement
que l'avenir différât du passé, furent tout de
même impuissantes à réduire le vieil esprit de

rébellion contre l'ordre et les Dieux. Le roi K'ang
de Song fit aussi tirer des flèches contre le ciel et
fustiger la terre. Sous l'Empereur King-Wang, le
marquis Lîng, ayant entendu vers minuit le son
d'un luth fantôme, fit noter l'air par son maître
de musique et le fit jouer devant le marquis P'îng
sur la terrasse des Munificences. Celui-ci, averti
que c'était l'air d'un empire détruit, air funeste
entre tous, dit cependant : « Cet air me plaît. Je
veux l'entendre jusqu'à la fin », et prenant ce
plaisir pour principe, demanda s'il n'y avait pas
un autre air plus funeste que celui-là. Et il se le
fit jouer jusqu'au bout sans se soucier de deux
bandes de huit grues noires qui vinrent au premier accord se ranger devant la véranda, tendi-
rent le cou, crièrent et dansèrent en battant des
ailes. Au contraire, le marquis P'îng fut ravi, porta
un toast au musicien et demanda : « Y a-t-il
quelque air encore plus néfaste que celui-ci ? »
Et comme il y en avait un, il le fit aussi jouer,
cependant que le ciel manifestait sa colère.

Alors l'anarchie s'introduisit dans l'Empire et
elle dura jusqu'à l'avènement de l'Empereur
Cheu Hoang-Ti, et de la dynastie Ts'înn. Le
nouveau souverain ordonna que ses décrets s'ap-
pelleraient Tchéu et ses ordres Tchao. Il créa
pour se désigner lui-même le pronom personnel
spécial Tchénn. Il abolit les titres posthumes,
étant donné que, pour les décerner, un fils devait
juger son père, ou un ministre son prince. Il se fit
appeler le Premier Empereur, et entreprit d'ins-
taurer dans l'Empire un ordre nouveau, dont les
Textes décrivent les principes en ces termes :
« Vers l'an 370, le fameux philosophe Tcheou-

Yen de Ts'î, ayant remplacé le système de la genèse mutuelle des éléments par celui de leur destruction mutuelle, l'Empereur, qui croyait à ce système, conclut que les Tcheou ayant régné par la vertu du feu et les Ts'înn les ayant vaincus, la vertu protectrice des Ts'înn devait être celle de l'eau, l'eau détruisant le feu. L'eau répondant au nord et le nord à la couleur noire, par décret impérial, sous la nouvelle dynastie, les drapeaux, les vêtements et les coiffures furent tous noirs. Le chiffre de l'eau étant six, les tablettes de créances eurent six pouces, les chars furent attelés de six chevaux, le pas agraire eut six pieds. L'eau répondant au principe Yînn qui régit les supplices, les lois furent appliquées avec la plus impitoyable rigueur et de longtemps, par principe, on ne fit aucune grâce. »

Mais les réformes de l'Empereur n'entrèrent pas dans « l'esprit borné des stupides lettrés », si bien que le Grand Juge Li-Seu put représenter ces derniers comme des obstacles à l'ordre nouveau. Ils fouillaient, à l'entendre, le passé, afin d'y trouver des arguments pour dénigrer le présent et inquiéter le peuple. Ils enjolivaient leurs utopies pour enlaidir, par contraste, la réalité. Alors qu'il n'appartenait qu'au seul maître de l'Empire de distinguer le blanc du noir et de dicter la loi, eux, n'estimant que leur sens personnel, s'assemblaient pour le critiquer et le desservir devant le peuple. Aussi Li-Seu demanda-t-il que tous les livres, à l'exception des traités de médecine, de pharmacie, de divination, d'agriculture et de jardinage, fussent livrés aux autorités préfectorales pour être brûlés, que tous ceux qui discuteraient

sur un texte des *Odes* ou des *Annales* fussent mis
à mort, et leur cadavre exposé sur le marché, que
ceux qui feraient usage de ces textes pour dénigrer le présent fussent exterminés avec toute
leur parenté, et que fussent punis de la même
peine que les délinquants, les fonctionnaires qui
se montreraient tièdes dans l'application de la
loi.

L'Empereur ayant accédé à cette demande, il
fut ainsi fait, et toute l'ancienne littérature de la
Chine disparut par l'effet de cette mesure, auprès
de laquelle la torche du calife Omar et les
bûchers de Savonarole apparaissent comme les
manifestations sans lendemain d'une mauvaise
humeur puérile.

Pendant douze ans, les ordres irrévocables de
l'Empereur sortirent de sa résidence de Hiên-
Yang, mais il n'était pas sûr que lui-même y
habitât toujours, car ayant appris du magicien
Loû qu'il était utile, en vertu de concordances
singulières, que personne ne sût où il résidait
pour qu'on pût lui trouver la drogue d'immortalité, il avait relié par des galeries couvertes et des
tentures les 270 palais qui étaient autour de la
résidence de Hiên-Yang, en sorte qu'il pouvait
circuler sans que personne s'en aperçût, et, ajou-
tent les *Textes*, si quelqu'un disait l'endroit que
l'Empereur favorisait de sa présence, il était mis
à mort.

C'est au moment même où Cheu Hoang-Ti
allait enfin conquérir la drogue d'immortalité
qu'il trouva sa fin misérable. Il venait, en effet, de
tuer le grand poisson qui avait rendu vains les
efforts de ses émissaires, quand il tomba lui-

même malade. Les *Annales* rapportent que, comme il n'aimait pas qu'on parlât de la mort, personne n'osa lui dire que la sienne approchait. Aussi ne put-il prévenir son fils en temps utile et la succession n'était pas établie quand il mourut. On dut donc garder le secret sur la mort de l'Empereur : tous les jours, on servait les repas comme à l'ordinaire dans la voiture qui transportait son cadavre vers la capitale, et comme il faisait chaud, on chargea chacun des chars de l'escorte de 120 livres de poisson séché « afin de brouiller les odeurs ».

Pour le caveau de l'Empereur, on coula un énorme pavé de bronze pour intercepter les courants, les vents et les flux souterrains. Sur cette base, on installa le sarcophage et tout un empire en miniature, avec un palais, des villas, des ministères, des bureaux et toutes sortes d'objets curieux et rares. Des arbalètes automatiques préservèrent ces richesses des voleurs. On dessina avec du mercure les rivières, le Fleuve Jaune, le Fleuve Bleu et la mer. Une machine faisait circuler le mercure. On représenta le firmament à la voûte du caveau et la terre sur le sol. On choisit pour l'éclairer des flambeaux de graisse de phoque qui devaient brûler très longtemps. Les femmes du harem et beaucoup d'hommes durent suivre le défunt dans la mort, et on ensevelit vivants, dans le tunnel d'entrée, les artisans et ouvriers qui avaient travaillé au tombeau, afin que les secrets de sa construction ne soient pas divulgués. Et les *Annales* concluent : « On planta sur la tombe des herbes et des arbres, pour qu'elle ne se distinguât pas du reste de la montagne. »

Jusqu'à la dynastie Ts'iên-Han, l'anarchie régna de nouveau dans l'Empire. La tombe du Premier Empereur fut violée et ses réformes abolies.

Ainsi sous les Tcheou, il n'importait en rien que l'Empire fût fort ou juste, ou quoi que ce soit de semblable, car l'Empire n'avait pas de finalité hors de son être. Il importait seulement qu'au jour le jour, il continuât d'être exactement ce qu'il était, en quelque sorte jusqu'à lasser le temps. C'est qu'en un sens le temps, qui pouvait à tout moment faire naître la *variation*, était le seul ennemi que l'Empire eût à craindre, mais comme il n'était à craindre qu'en fonction de la variation, il suffisait qu'on triomphât de celle-ci seule, afin d'empêcher le temps d'être un devenir. Aussi considérait-on comme crime d'Etat toute tentative d'introduire dans les rites une modification, si minime fût-elle. Il n'était laissé aux hommes leur vie intérieure, encore n'était-ce qu'à condition que rien n'en transparût, ni douleur, ni joie, sinon conformément aux principes qui réglaient l'expression de la douleur et de la joie. Il convient d'abord d'apprécier hautement tout ce qu'une pareille politique contient de satisfaisant pour l'esprit et de grandiose ambition, car en s'opposant de manière décidée à la variation, c'est bel et bien la mort qu'on prétendait vaincre. Mais en réalité, on lui faisait la part trop belle, car empêcher le devenir est moins sans doute s'assurer l'être que se sevrer de la vie. Certes, il ne faut pas ignorer quelle chose incomplète et précaire est la vie : née d'une tension dans la matière inorganique, elle est, par nature, vouée à la destruction; mais il est dans sa nature aussi de pousser cette tension à l'extrême et de ne retomber à l'inertie qu'après un paroxysme, de n'aspirer à descendre que montée sur le faîte.

Quand, dans ces conditions, les anciens *Textes* rapportent que l'Empereur Cheu Hoang-Ti adopta le système de la *destruction* mutuelle des éléments et y conforma dans leurs moindres détails les institutions de l'Empire, il convient de prendre cette notation très au sérieux. Il n'est pas non plus sans signification qu'il se soit fait appeler le *Premier Empereur*, faisant ainsi, à la manière des religions et des révolutions, commencer le temps à son avènement, le temps concret de la vie, qui connaît les déchirures des naissances et des morts, celui des *ères*, attaché à l'espace et aux civilisations et dont dépendent partout les millésimes des dates. Il faut enfin noter que, si l'Empereur fit détruire les livres, à l'exception, on s'en souvient, des traités de médecine, de pharmacie, de divination, d'agriculture et de jardinage, ce fut uniquement pour éviter que le passé fût opposé au présent, car il y avait maintenant dans l'Empire un passé et un présent. Il y avait donc aussi le devenir et par conséquent aussi la crainte de la fin. Or, parallèlement, personne ne fut peut-être plus obsédé par l'idée de la mort que l'Empereur Cheu Hoang-Ti : il assigne comme tâche à son peuple la quête pour lui-même de la drogue d'immortalité. Il fait travailler à son tombeau avant d'être parvenu, non seulement à l'Empire, mais même à la royauté de Ts'înn, et veut que ce tombeau contienne un Empire en miniature et soit éternellement dérobé aux regards des hommes. Il n'aime pas qu'on parle de la mort, et quand, en 211, un inconnu inscrit sur un météore : *le Premier Empereur mourra*, les *Annales* rapportent ce qui suit : « Cette affaire l'ayant rendu mélancolique, l'Empereur ordonna aux savants de faire des vers sur les Immortels, et sur les pérégrinations impériales; puis il fit mettre leurs vers en musique et les fit chanter par des musiciens. »

Les *Textes* relatent seulement que les habitants de l'Empire souffraient de la cruauté des lois. Mais il est permis de supposer, en conformité avec les données générales de la sociologie, qu'il n'en était sans doute aucun qui ne se jugeât engagé du plus profond de soi dans le drame intime de l'Empereur et ne crût partager son destin, dans une égale attente de la drogue d'Immortalité.

Toujours est-il que le peuple ne se révolta pas, comme il aurait certainement dû faire au nom de la justice, de la raison ou, plus directement, de ses intérêts. Mais les sociétés ne sont pas plus gouvernées que les individus par les considérations abstraites de justice et de raison ou par les mobiles utilitaires et acquisitifs. En elles aussi, règnent les lois passionnelles de la vie. Bien plus, même les sociétés animales n'en sont pas à l'abri : on peut voir par exemple la *formica sanguinea*, pour le vain plaisir de lécher les exsudats odorants d'éthers gras dans les fossettes d'espèces déterminées de parasites, leur ouvrir grande sa fourmilière, les entretenir de nourriture jusqu'à s'en priver, et leur laisser si bien dévorer ses œufs et ses jeunes larves que bientôt la colonie entière a péri. Des propensions « morbides » de ce genre où Escherich voit une sorte de perversion de l'espèce analogue à l'alcoolisme chez l'individu et dont Piéron remarque par surcroît qu'elles n'existent que chez les insectes sociaux, montrent assez qu'à l'échelle sociale aussi, la loi d'intérêt, l'instinct même de conservation ne sont pas maîtres, mais esclaves, la vie y assumant sans merci, comme chez l'individu, son cruel impératif d'exaltation.

Il est clair alors que l'histoire du règne de Cheu Hoang-Ti est à bon droit émouvante, car si l'extrême éloignement de ces événements dans le temps et dans l'espace les pare assurément de pittoresque et de prestige, leur rare vertu exemplaire, sensible à la seule lecture, vient assurément aussi de tout autre chose : précisément de la conscience qu'ils donnent que des flux irrésistibles portent aveuglément les sociétés à leur perte ou à leur gloire. L'homme sait assez qu'il en est ainsi pour lui-même : une seule dépression, un seul enthousiasme ont suffi à le lui apprendre. Aussi quand, influencé par des théories grossières et sans valeur ou assistant à la vieillesse d'une nation, il n'aperçoit pas dans les événements de la politique et de l'histoire les mêmes entraînements et les mêmes destins, il s'y juge peu profondément compromis, incline à séparer péremptoirement les affaires du monde et celles de son âme, et tire le meilleur de lui-même à l'écart de cette société où il voit régner des lois si étrangères à sa nature. Il s'isole

et son isolement, son hostilité même à l'égard de
la société le conduisent à exprimer et à revendi-
quer pour son compte, à *individualiser* les
valeurs essentielles de la vie affective qui, signi-
fiées en mythes et vécues dans les fêtes rituelles
correspondantes, ont jadis été le poids et la
mesure dans les groupements sociaux. Il fait
notamment sien ce droit à la culpabilité et à la
vie dionysiaque qu'il est à la gloire du Romantisme d'avoir exigé de plus en plus expressément.
Certes, ces forces vives sont maintenant regardées assez ordinairement comme asociales, mais
c'est précisément en vertu de ces doctrines sché-
matiques de scepticisme, de rationalisme et d'utilitarisme social du XVIIIᵉ siècle, qui n'ont pu les
dissoudre dans le groupe qu'en les suscitant,
aggravées, dans les individus, les déplaçant sans
les résorber. Rejetées par la critique et l'esprit de
système, ces valeurs n'ont pas perdu la leçon et
peuvent aujourd'hui attaquer l'adversaire avec
ses propres armes. Conscientes d'elles-mêmes,
elles ont, en effet, systématisé leur conception du
monde avec une cohérence qui ne le cède en rien
à l'autre – au contraire – et qui, partant des faits,
n'a jamais à en craindre de démenti. Aussi c'est
elles maintenant qui comptent sur les efforts de
la science et de la lucidité, et non plus la raison,
cet apprenti sorcier qui se voit de plus en plus
débordé par les objets de son incantation.

Ces valeurs, en outre, n'ont pas seulement le
droit mais aussi la force. Affirmées explicitement
au sein d'une société qui mettait, sous couleur de
despotisme éclairé ou de droits humains impres-
criptibles, un point d'honneur à leur disparition,

elles ont déjà un titre suffisant à briguer le pouvoir et, grandies malgré son opposition, la certitude intime qu'elles pourront un jour l'assumer. La question est, du reste, en deçà de ces ambitions aventureuses. Pour que l'homme lie son destin à celui de la société, il lui suffit de percevoir avec évidence que les mêmes forces fondamentales qui régissent sa vie profonde ont également prise, amplifiées et toujours impératives, à l'échelle sociale. Là aussi elles agissent, les unes dans le sens de l'inertie, les autres dans le sens de la passion, en vertu, semble-t-il, de cette même polarité qui dans les phénomènes de l'univers rapproche assez la matière inorganique et les êtres vivants pour qu'une mutuelle nostalgie puisse naître entre eux, et qui fait apercevoir, dans celle-là, comme une volonté de développement et de paroxysme et, dans ceux-ci au plus aigu de leur tension, à travers la vision débilitante d'une sorte de Terre Promise de repos et d'insensibilité, comme le goût d'une fatigue absolue.

S'il est possible, en effet, de définir sommairement les lignes de force qui, premières, paraissent régir uniformément la totalité du monde, tant psychologique que physique, et en garantir ainsi la continuité, il faut peut-être s'exprimer comme suit : l'*inertie* est partout cette résistance qui retient le passage de l'immobilité au mouvement comme celui du mouvement à l'immobilité, qui tend à paralyser l'énergie électro-magnétique quand elle s'accroît, et à la développer quand elle décroît : qui s'oppose ainsi à toute variation d'état, et, comme l'Empire des Tcheou, fait effort pour soustraire l'être sinon à la chronologie, du moins au devenir.

La *passion*, au contraire, est ce vertige qui exalte une vie d'une tension vers un paroxysme, l'inscrit entre une genèse et une rupture, lui impose un rythme d'accélération qui fait de son inscription dans le temps une véritable chute.

Dans l'homme enfin, pour revenir au particulier, les états d'*angoisse* désintéressée qui viennent parfois le précipiter d'un rare bonheur, seraient alors le résultat de la sollicitation simultanée de ces deux appels.

A cause du soin méticuleux qu'elle mit à toute chose, la Nation Centrale a su manifester jusque dans les plus intimes détails les conséquences de ces lois, et c'est en quoi la lecture de ses Chroniques est si précieuse. On y voit mieux qu'ailleurs, en effet, que, comme les individus, les sociétés, à condition certes qu'elles soient de forte structure, confient leur sort à l'inertie ou à la passion, prennent pour principe l'invariation ou l'aventure, se refusent ou consentent à l'exaltation du devenir, loin qu'elles entretiennent toujours avec le temps des rapports univoques, loin que leur histoire soit obligatoirement un développement continu qui réalise l'Idée.

Il n'est pas d'ailleurs déplaisant pour l'homme qu'il en soit ainsi, car il ne trouve guère satisfaction qu'à reconnaître au-delà de lui-même, à perte de vue, les lois qui l'outrepassent, et la suite de la trame où il est motif.

II

JEUX D'OMBRES SUR L'HELLADE

Styles de vies du monde minoen[1].

Le début du siècle aura fait vieillir la Grèce de
plus de deux mille ans, comme les fouilles antérieures avaient étendu son empire à l'Est et à
l'Ouest jusqu'aux rivages extrêmes de la Méditer-
ranée. Dans cette double immensité d'espace et
de durée, l'hégémonie politique et culturelle
d'Athènes n'est jamais que le plus transitoire, le
plus localisé des phénomènes. Réduire par goût
ou par habitude à l'histoire d'une ville pendant
quelques dizaines d'années une civilisation dont
le domaine s'inscrit de la Sicile à l'Asie Mineure
et qui, par la première période du Minoen
ancien, touche au néolithique, est une bien
étrange entreprise. Pratiquement, elle semble
surtout fondée sur l'ignorance : aussi n'est-ce pas
dans la réalité qu'il conviendrait de chercher les
origines de l'image commune de la Grèce, mais

---

1. Les données dont il est fait état dans ce chapitre sont des plus
connues. On les trouvera dans les ouvrages généraux sur la civilisation
crétoise. Aussi n'a-t-il pas semblé utile de donner de références.

dans les lois psychologiques qui commandent la formation des idées simples.

L'histoire et l'archéologie présentent la terre des dieux comme variée, disparate, au centre des plus diverses influences, extraordinairement plastique, en continuelle métamorphose : terre humaine par excellence. A la concevoir à travers les tragédies de Racine et les tableaux de Poussin, on a fini par en faire un monde dégagé du temps comme de l'espace, immobile, sans devenir, implicitement défini comme unique, homogène, autonome.

Mais à peine le voyageur a-t-il posé le pied en Grèce que, comme au pays des vampires, les fantômes viennent à sa rencontre. Il est loisible de prendre Corfou pour première escale. La Gorgone du fronton pose déjà des énigmes peu solubles et plonge sans tarder le visiteur dans l'ombre de l'histoire. Le démon est agenouillé au centre, le corps de profil, la tête de face, les deux bras pliés, l'un tourné vers la terre, l'autre vers le ciel, de façon à esquisser une sorte de *croix gammée humaine*, le corps étant dans l'attitude dite de la *course à genoux*, qu'on retrouve aussi bien sur ce fronton archaïque que sur un tel sceau cylindrique assyrien, tel relief de basalte de l'Asie occidentale (Karkemich, 2000 ans av. J.-C), tel moule du Kentucky pour l'Amérique du Nord, ou telle broderie des Chango en Afrique-Occidentale. La Gorgone est entourée de lions également représentés de profil avec la tête de face. Une même aire de comparaison est possible, qui conduirait cette fois aux images rupestres de l'Atlas saharien, sinon à la sculpture de l'époque moyenne de l'âge de pierre.

Ceci n'était qu'un avertissement : en Crète, le dépaysement est complet. Le Parthénon et le Palais de Minos n'admettent pas de commune mesure. Là, « masse de calme et visible réserve », le style d'un peuple qui sait, semble-t-il, faire la part du feu et séparer le profane du sacré, mieux dit : le style d'hommes vivant dans l'ordre esthétique, pour qui, par conséquent, la *notion de réussite* joue le rôle suprême. Ici, l'habitat d'une existence toute sacralisée, immense dédale contrastant avec la simplicité de la maison classique, et dont on comprend que le souvenir devenu légendaire ait abouti au mythe du Labyrinthe. A la fois palais, temple et entrepôt : d'énormes jarres ornées de pieuvres stylisées, qu'une structure délibérément géométrique rend plus horribles, comme si l'ordre ajouté à l'épouvante accroissait encore sa force vive; aux murs, des théories d'hommes et de femmes portant des objets rituels, les hommes peints en rouge et les femmes en ocre clair; les longs cheveux bouclés tombent très bas le long du dos et la taille est si serrée par un cercle de métal qu'on la dirait prise dans une bague.

C'est le monde d'Ariane ressuscité. Ici encore, la légende doit rendre des points à l'histoire, la poésie à la réalité. La tendre héroïne qui guida Thésée dans le Labyrinthe n'est autre que la Très-Sainte (*ari-adne*), manifestation de la déesse suprême au même titre que Notre-Dame du Mont (*Dictynna*), maîtresse des hauts-lieux, adorée sous la forme d'une pierre brute, et plus tard, identifiée à Déméter, au même titre encore que la Douce Vierge (*Britomartis*), alternativement céleste et infernale, poursuivie par Minos, le Taureau divin.

Il semble bien, en effet, qu'il faille reconnaître dans le roi minoen un exemple du monarque temporaire, prêtre, sorcier et dieu tout ensemble, responsable de la fécondité des femmes et de la fertilité du sol, si bien défini et illustré par Frazer. Les témoignages de Platon, de Strabon et de Denys d'Halicarnasse se laissent aisément interpréter à cette lumière. Le roi Minos, identique au Taureau divin que connaissait déjà l'Asie au IVᵉ millénaire, est l'incarnation vivante du Minotaure. Sa puissance est revêtue de toute l'ambiguïté du sacré : cause efficiente des biens, mais redoutable à voir en face comme à toucher, vénérable et repoussant, monstre et dieu. Choisi par la volonté divine, il règne pendant neuf ans. Quand le cycle magique s'achève, l'influx surnaturel est usé, d'où dépendait sa puissance. Il gravit alors la Montagne Sainte pour rencontrer le dieu dont il participe mystiquement et rajeunir en communiant avec lui sa grâce épuisée. Le voici dans la grotte même du Minotaure, le divin Labyrinthe dont son palais de Knossos n'est que la transposition humaine. C'est le moment de la mort du dieu et de sa résurrection et la contrée tremble, à l'instant, elle aussi, de périr et de renaître. La continuité du monde doit être assurée. Dans l'île, on offre partout des sacrifices. Quant à Minos, il disparaît à jamais dans la grotte ou redescend du haut-lieu, pourvu pour un nouveau cycle d'un influx neuf.

Sans doute était-ce à cette occasion que les sacrifices humains étaient requis, car la valeur de la victime devait être à la mesure de la crise que la cérémonie était destinée à dénouer heureusement. On se servait alors vraisemblablement du tribut des sept jeunes gens et des sept jeunes filles réclamés à Athènes précisément tous les neuf ans. On retrouve ainsi la légende de Thésée. Le Labyrinthe, cette fois, est le palais même de Knossos aux immenses détours, aux innombrables salles. Son nom même le prouve : c'est la demeure consacrée *à* et *par* la « labrys », la double hache sacrificielle qu'on y rencontre gravée sur les piliers, peinte sur les poteries, incisée sous les revêtements des murs pour les protéger magiquement de son occulte présence, accompagnant le mort au tombeau pour le garantir des dangers de l'autre monde et qui, dans le Caucase, sous la forme d'une double lance, mais sous un nom à peine déformé est devenue l'arme de saint Georges. Fétiche bisexuel selon Evans, symbole, selon Cumont, de la foudre qui fend les arbres de la forêt, engin de mort « qui communique au bras humain la force surhumaine de dompter, d'anéantir la vie », selon Glotz, la double hache représente la suprême condensation du sacré, l'arme qui tue le Taureau divin et qui se présente si souvent figurée entre ses cornes, l'antique outil par lequel le sacrificateur fait passer de la bête à l'homme l'énergie virile du dieu.

C'est ce signe qui préside aux courses de taureaux solennelles, jeu dangereux avec la divinité, à quoi on obligeait peut-être les jeunes gens réclamés en tribut et dont on ferait volontiers le

péril dont Ariane sauva Thésée, si le récit tradi-
tionnel n'évoquait pas plutôt l'idée d'une *descente aux enfers*, où l'initié seul sait trouver son
chemin, instruit par l'enseignement d'une déesse.
Quoi qu'il en soit, pour les tauromachies, une
fresque de Knossos montre assez de quoi il
s'agissait. Le jeune homme, la jeune fille se
tiennent debout, presque nus, en face du taureau
chargeant, tête baissée. Ils s'engagent entre les
cornes de la bête, dont les pointes passent sous
leurs aissèlles et ainsi placés, ayant saisi dans
l'espace d'un éclair la base des cornes et s'en
servant comme de barres parallèles, ils exécutent
un dangereux rétablissement au moment où le
taureau, relevant la tête, les projette en l'air pour
se débarrasser d'eux. Ils retombent alors sur
l'échine même de la bête, d'où ils prennent appui
pour un nouveau saut périlleux, au terme duquel
ils touchent le sol avec grâce, reçus dans les bras
d'un partenaire attentif.

Ces courses acrobatiques, source lointaine des
grands jeux grecs, faisaient encore apparaître la
communion avec le dieu sous son double aspect
de joie et de risque. Elles manifestent, en même
temps, le dualisme fondamental de la civilisation
minoenne : l'extrême élégance de l'art au service
des plus nocturnes réactions vitales. C'est avant
l'effort intellectualiste des Milésiens : le monde
est encore régi par le gouvernement des forces
profondes, des impératifs dionysiaques, des
impulsions telluriques. La confrérie des Courètes, analogue pour l'essentiel aux sociétés initiatiques secrètes des populations primitives, célèbre en Messénie la Vierge-Mère divine et, en

Crète, Minos-Zeus lui-même dont la vie commence à la grotte de la Nativité du mont Ida et se
termine au Saint-Sépulcre du mont Iouktas pour
reprendre les expressions à peine trop chrétien-
nes de Gustave Glotz : la passion des dieux est
partout la même. Les Courètes, dansant, heurtant leurs boucliers, chantant un hymne dont on
a récemment retrouvé la transcription grecque à
Paléokastro, aidaient *chaque année* la renaissance
du Zeus crétois et on voyait jaillir de l'antre une
flamme éclatante au moment où, disait-on, cou-
lait le sang de la naissance même du dieu :
autant de caractères qui signalent un rite de
fertilité.

De même, l'accouplement de Pasiphaé, l'enlè-
vement d'Europe, renvoient à d'anciennes hiéro-
gamies avec le dieu Taureau, où la prêtresse,
symboliquement ou réellement, se livrait à l'animal pour assurer la fécondité de la terre, cependant que, dans l'Inde, un rite analogue s'effec-
tuait avec le cheval et, en Egypte, avec le bouc
sacré du dieu Min.

Les peintures du sarcophage d'Haghia Triada
montrent comment on évoquait les morts : par
un vase sans fond, *comme le tonneau des Danaïdes*, dont on comprend alors la signification
rituelle, la prêtresse répand sur le sol le sang du
sacrifice, que les fantômes viendront boire pour
en tirer une vie éphémère.

Magie agraire, magie des morts, rien ne manque vraiment pour rattacher la vie minoenne à
celle des tribus primitives. D'ailleurs, n'a-t-on pas
décrit les premiers habitants de l'Hellade comme
des sauvages demi-nus, campés sous des huttes

de branchages, armés de haches et de couteaux
d'obsidienne, usant de poteries grossièrement
incisées, fiers des plumes de leur coiffure et des
cailloux polis de leurs bracelets ? On a évoqué les
Polynésiens, et la comparaison s'est étendue des
mœurs à la mythologie, car rien ne ressemble au
mythe d'Ouranos et de Gaïa comme le récit
polynésien de la séparation de la Terre et du
Ciel. Plus encore, autour des divinités se presse
l'assemblée d'étranges démons dont la forme
composite participe de tous les règnes de la
nature et qui laissent loin derrière eux pour
l'horreur et l'extravagance les créations les plus
soutenues de Sumer et d'Elam : seules, les inventions systématiquement monstrueuses d'un Jérôme Bosch soutiendraient honorablement la
comparaison avec, par exemple, les empreintes
de sceaux des fouilles de Zacro, encore que leur
utilisation paraisse avoir été de nature plus com-
merciale que religieuse. Ici, une femme aux jam-
bes de griffon et à la voilure de papillon; là, une
tête de cerf surmontée d'un unique, gigantesque
et large andouiller et flanquée de deux bras
humains; là encore, un profil dans l'attitude de la
course, où sont accrochées deux ailes inutiles et
que termine une tête de chèvre barbue à cornes
de bélier.

Au regard de ces cauchemars, au sein de cette
pure magie éloignée de l'intelligence apolli-
nienne comme du mysticisme dionysiaque et qui
ne connaît que souillures tenaces et contagieu-
ses, que malédictions de prêtres agitant des
manteaux de pourpre vers le soleil couchant,
qu'envoûtements et exorcismes, comme l'a mis

dernièrement en lumière P.-M. Schuhl, la vie matérielle s'entoure du plus délicat raffinement. La perfection des fresques n'est plus à vanter. Le fini de la sculpture n'a rien à lui envier, tant l'ingéniosité de l'artiste a su varier la matière, styliser la forme sans figer l'expression, se contentant peu de la représentation toute théorique qu'exige, sans plus, la magie. Telle cette tête de taureau de stéatite noire, au mufle incrusté de nacre, aux cornes plaquées d'or, aux yeux de cristal de roche où une pierre pourpre simule, au centre, la pupille. On poursuit le commode avec autant de précision qu'on mettait de soin à parachever la création artistique : les installations hydrauliques de Knossos ont inspiré aux archéologues assez de pages lyriques pour qu'on puisse se dispenser d'en parler encore. Dans le costume, la mode semble s'être maintenue au joli et comporte, en tout cas, plus de coquetterie que de noblesse, plus de charme que de véritable grandeur : ce sont, en effet, des robes à volants, des jupes à ramages, des crinolines à bouillonnés, des corsages à manches bouffantes, lacés au-dessous des seins laissés nus, des chaussures à talons et, sur la tête des élégantes, où des épingles d'une extraordinaire richesse maintiennent des accroche-cœurs, des franges et des bandeaux, des toques, des bérets et des turbans ornés de plumes et d'aigrettes.

Il semble difficile au premier abord de concilier ces évocations qu'on situerait plutôt dans les salons du Second Empire, dans les milieux les plus dépourvus de vie profonde ou même, très élémentairement, de conscience humaine, avec

l'univers de violences et de terreurs qu'on a vu
envelopper de toute part cet édifice de lumière.
Mais c'est trop oublier que le faste relève de la
même conjuration d'instincts, car c'est précisément dans un monde magique qu'aucun détail de
la vie matérielle n'est indifférent, toute modification risquant de déchaîner quelque catastrophe
lointaine et démesurée. Si le roi-prêtre est une
victime désignée, comment ne pas le charger de
la présence mystique des pierres et des métaux?
L'être se sent aux mains de puissances dont il ne
doit pas être indigne et dont le reflet le pare
d'une constante et périlleuse splendeur.

Ainsi, dans le cas particulier, le luxe même
suppose l'emprise des ténèbres jusque dans les
étincelantes manifestations de la vie mondaine. Il
s'agit partout de valeurs souveraines, si bien
qu'aux détails de la toilette comme aux détails
des rites, la même attention émue est requise.
Toute peur suscite une plus grande prudence
dans les limites du danger, un plus grand détachement dans celles de la sécurité, quelque inso-
lence ici et là qui défie, rassure ou joue la carte
du prestige contre l'agression des spectres.
Croire au faste et dédaigner la pure beauté, faire
de l'art du cérémonial l'esthétique même : quelle
impressionnante hérésie. Mais rien ne saurait, en
vérité, mieux manifester que les puissances de
l'ombre n'ont pas abdiqué et qu'il n'est pas
encore de paix entre l'homme et son âme.

Il faut errer à l'instant de la grande clarté, dans
les ruines du palais de Knossos. On y cherchera
en vain la trace de la moindre qualité intellectuelle. Harmonie, ordre, symétrie, toutes les inci-

dences par lesquelles l'art classique rejoint la géométrie et la ligne sévère des plus parfaites constructions de l'esprit, sont également absentes, comme exclues dès le principe par une ardente, inextinguible éruption. Les aspects opposés et parents décrits tout à l'heure se superposent perceptiblement en ces lieux, dont la voyante crudité est encore rehaussée par le ciment des restaurations d'Evans. La complication et le mystère s'y marient avec l'ostentation et l'apparat. Les hautes terrasses, les propylées à colonnes massives, les balcons s'ouvrant sur les paysages de la mer et les horizons des plaines, indiquent un goût prononcé du théâtral, mais voici sans transition celui du secret : dans les minuscules patios dont la distribution capricieuse contraste avec l'évidence et les dimensions de la grande cour centrale, dans les couloirs en équerre, les escaliers inattendus et inutiles, les puits de lumière, les salles même dont l'entrée n'est jamais au milieu, dans l'intervalle des alignements de colonnes, mais dans une encoignure, – quand ce n'est pas la colonnade elle-même qui se déplace du centre vers les côtés, doublant deux murs consécutifs et venant former aux trois quarts de la pièce un angle droit incongru. C'est ainsi une architecture de contes de fées orientaux avec l'aspect en même temps pratique, incompréhensible et dramatique que prennent volontiers les souterrains dans les romans d'aventures que la civilisation urbaine a fait naître : à la fois *Les Mille et une Nuits* et *Les Mystères de Paris*. On imagine vite que les poèmes de Saint-John Perse décrivent une civilisation de cette sorte : « Lois données sur d'autres rives, et les alliances par les femmes au sein des peuples dissolus, de grands pays vendus à la criée sous l'inflation solaire, les hauts plateaux pacifiés et les provinces mises à prix dans l'odeur solennelle des roses..., les capitaines pauvres dans les voies immortelles, les notables en foule venus pour nous saluer, toute la population virile de l'année avec ses dieux sur des bâtons... des célébrations de fêtes en plein air pour des anniversaires de grands arbres et des cérémonies publiques en l'honneur d'une mare, des dédicaces de pierres noires, parfaitement rondes, des inventions de sources en lieux morts, des consécrations d'étoffes à bout de perches à l'approche des cols, et des acclamations violentes sous les murs, pour des mutilations d'adultes au soleil, pour des publications de linges d'épousailles! »

Ces lignes, où chaque détail renvoie à un usage répandu, conviennent sans doute au monde minoen, mais n'évoquent en rien, semble-t-il, le visage classique de la Grèce, sanctuaire éthéré de l'équilibre et du bonheur. Mesure, raison, sagesse, harmonie, ces qualités qui décrivent le Parthénon n'ont pas même leur enfance à Knossos. Mais il n'est pas indifférent qu'elles aient été conquises pied à pied sur les valeurs barbares et non reçues en cadeau d'on ne sait quelle généreuse grâce. Le calme de ces dieux n'est ainsi qu'une victoire toujours menacée et c'est alors qu'il prend son véritable sens, car, chèrement acquis et jamais bien obtenu, le voilà aussi plein, significatif et admirable qu'on aurait dû le tenir pour vide et inintéressant, en le jugeant sans perspective et sans abîme. Qu'on regarde, au fronton d'Olympie, l'Apollon *hyperdexios*, étendant le bras qui fait vaincre : sa sérénité n'est pas un don de la nature ou un effet de l'habitude, mais le fruit à peine mûr de l'effort. Il faut presque évoquer cet « ordre » qu'un mot illustre et malheureux fait *régner* après les répressions et les massacres. Cette placidité conquise est conquérante à son tour. Ce sourire, qu'on imagine sur les lèvres du dieu, mais qui n'arrive pas à y naître, exprime un triomphe toujours à reprendre, toujours à achever, toujours aussi à dompter, de peur que, s'exaltant jusqu'à l'ivresse, il ne devienne l'occasion de la chute. La constante imminence de la victoire justifie la détente, non l'abandon. Le vainqueur doit encore veiller, capable à tout instant de la mobilisation immédiate de son énergie, car les rétives puissances qu'il domine ne cèdent jamais. A vrai dire, la tension même subsiste, mais cette exigeante accalmie la stabilise, lui donne sa forme, lui permet le style. C'est l'instant dangereux où l'athlète, qui sent plier son adversaire, voit soudain qu'il lui faut encore maîtriser son propre élan, pour garder l'équilibre quand la résistance se dérobera.

Les rançons des victoires sont les facilités, les relâchements qu'elles persuadent, le développement de la vie dans des réalisations de pure forme. C'est là déjà parler du monde hellénistique.

Le calme classique n'aura donc été qu'un sommet éphémère, l'épreuve de forces de la discipline sur ces ardents instincts qui l'exigeaient eux-mêmes comme chef de guerre, et sans les-

quels il n'aurait jamais été que ce qu'on en a fait :
un décor d'opéra-comique, un profil de temple
dans un clair de lune de carte postale.

Entre le Labyrinthe et l'Acropole s'est accompli
l'enfantement pathétique des héros. Ce qui justifie Thésée, c'est moins d'avoir vaincu le Minotaure que d'avoir eu à le combattre, et les monstres prédestinent les demi-dieux.

III

PARIS, MYTHE MODERNE

Voilà la Cité Sainte, assise à l'Occident!
A. Rimbaud, *Paris se repeuple.*

« *Les mythes modernes sont encore moins compris que les mythes anciens, quoique nous soyons dévorés par les mythes.* »
Balzac, *La Vieille Fille.*

Un des aspects les plus déroutants du problème des mythes est certainement le suivant : il est avéré que dans de nombreuses civilisations, les mythes ont répondu à des besoins humains assez essentiels pour qu'il soit dérisoire de supposer qu'ils ont disparu. Mais, dans la société moderne, on voit mal de quoi se satisfont ces besoins et par quoi la fonction du mythe est assurée.

Comme on pense le mythe sous la catégorie de l'imaginaire, on est aussitôt tenté, pour répondre à cette question, de désigner la littérature. A la vérité cependant, des précautions considérables s'imposent. S'il est en effet une valeur du mythe en tant que tel, elle n'est en aucune mesure d'ordre esthétique. Or, si l'on veut convenablement décrire la sorte d'intérêt que les livres suscitent et l'attitude d'esprit que leur lecture suppose, il faut avant tout marquer que c'est la jouissance du beau qui constitue l'une, la recherche du chef-d'œuvre qui oriente l'autre. Cela seul peut paraître rédhibitoire, car une conséquence décisive en dépend : la communication entre l'œuvre et le public n'est jamais affaire que de sympathies personnelles ou d'affinités de tendances – affaire de goût, affaire de style. Le verdict définitif relève ainsi toujours de *l'individu*, non que la société n'influe pas, mais elle propose sans contraindre. Le mythe, au contraire, appartient par définition au *collectif*, justifie, soutient et inspire l'existence et l'action d'une communauté, d'un peuple, d'un corps de métier ou d'une société secrète. Exemple concret de la conduite à tenir et *précédent*, au sens judiciaire du terme, dans le domaine fort étendu alors de la *culpabilité sacrée*, il se trouve, du fait même, revêtu, aux yeux du groupe, d'autorité et de force coercitive. On peut aller plus loin dans cette opposition et affirmer que c'est précisément quand le mythe perd sa puissance morale de contrainte, qu'il devient littérature et objet de jouissance esthétique. C'est l'instant où Ovide écrit *Les Métamorphoses*.

Une possibilité de rapprochement s'esquisse néanmoins, car il est en principe plusieurs façons possibles de considérer la littérature. La préoccupation du chef-d'œuvre, à tout prendre, n'en est qu'une et on peut envisager, au lieu des plus rares réussites de la production, son ensemble sans égard au style, à la puissance ou à la beauté, en accordant par exemple au seul tirage une valeur symptomatique éminente. C'est assurément donner le pas délibérément à la quantité et avantager de façon écrasante la littérature populaire au détriment de celle des lettrés. Mais l'analyste reprend par ce moyen quelque assurance et mesure mieux ses chances de saisir les lois du genre, ses lignes de force, et surtout sa portée pratique sur l'imagination, la sensibilité et l'action. Enfin, la question est ainsi replacée à l'échelle du collectif et sans qu'on puisse encore, à proprement parler, penser au mythe, la littérature devient, elle aussi, une puissance, comparable à la presse par exemple, mais située dans l'imaginaire pur, agissant sans doute de façon infiniment plus indirecte et diffuse, exerçant cependant une pression de même nature et presque de même surface utile.

Dans ces conditions, celui qui désire, aux fins désintéressées de la connaissance ou parce qu'il pense en tirer un profit immédiat pour l'efficacité de son action, étudier les us et coutumes, les démarches sociales de l'imagination, est conduit fatalement à cette conception très particulière de la littérature, conception que les artistes trouveront facilement un peu détachée, cynique ou méprisante, mais enfin lucide pour une part et peut-être machiavélique, *luciférienne* en un mot – et qui l'est en effet, tout bien considéré d'ailleurs. Grossièrement parlant, cette attitude, vis-à-vis de la critique esthétique, s'apparente à celle de la sociologie vis-à-vis des morales *a priori* et de la psychologie dite scientifique vis-à-vis des règles du syllogisme. Elle sera donc, si l'on tient à la nommer, une sorte de *sociologie littéraire*. Il en résulte pour la littérature des lettrés une heureuse conséquence; sans doute, on ne la sépare pas de la littérature populaire et on compte bien retrouver chez l'une comme chez l'autre, à une même époque et dans un même pays, les mêmes tendances, les mêmes appels, les mêmes *mythes* au besoin (puisque aussi bien c'est la recherche du mythe qui a déterminé cette manœuvre), mais on reconnaît objectivement ses mérites particuliers, qu'on étudie, comme il se doit en tant que facteurs importants du problème, à savoir la réussite technique à la manière d'une supériorité d'armement, l'auréole de prestige à la manière d'un trafic d'influence, la plus haute conscience enfin comme la royauté connue des borgnes chez les aveugles.

Cela dit, il paraîtra sans doute acceptable d'affirmer qu'il existe, dans cette perspective, une représentation de la grande ville, *assez puissante sur les imaginations pour que jamais en pratique ne soit posée la question de son exactitude*, créée de toutes pièces par le livre, assez répandue néanmoins pour faire maintenant partie de l'atmosphère mentale collective et posséder par suite une certaine force de contrainte. On reconnaît là déjà les caractères de la représentation mythique.

Cette promotion du décor urbain à la qualité épique, plus exactement cette exaltation subite, dans le sens du fantastique, de la peinture réaliste d'une cité bien définie, la plus intégrée qui fût dans l'existence même des lecteurs, n'a pas échappé à l'attention des historiens de la littérature. On la constate dans la première moitié du XIXe siècle, où soudain le ton s'élève sitôt que Paris est mis en scène. Il semble alors que la grandeur et l'héroïsme ne soient plus obligés, pour réclamer ou obtenir l'attention, de revêtir le costume des Grecs de Racine ou des Espagnols de Hugo; le recul du temps et de l'espace n'est plus nécessaire au milieu tragique pour qu'il apparaisse tel. La conversion est totale; le monde des suprêmes grandeurs et des inexpiables déchéances, des violences et des mystères ininterrompus, le monde où, à tout instant, tout est partout possible, parce que l'imagination y a délégué d'avance et y situe aussitôt ses sollicitations les plus extraordinaires, ce monde n'est plus lointain, inaccessible et autonome; c'est celui où chacun passe sa vie.

Ce phénomène, contemporain des débuts de la grande industrie et de la formation du prolétariat urbain, est lié d'abord, pour commencer par le plus apparent, à la transformation du roman d'aventures en roman policier. Il faut tenir pour acquis que cette métamorphose de la Cité tient à la transposition dans son décor de la *savane* et de la *forêt* de Fenimore Cooper[1], où toute branche cassée signifie une inquiétude ou un espoir, où tout tronc dissimule le fusil d'un ennemi ou l'arc d'un invisible et silencieux vengeur. Tous les écrivains, Balzac le premier, ont nettement marqué cet emprunt et ont rendu loyalement à Cooper ce qu'ils lui devaient. Les ouvrages du

1. Cf. Régis Messac, *Le « Détective novel », et l'influence de la pensée scientifique*, Paris, 1929, p. 416-440.

type des *Mohicans de Paris* d'A. Dumas, au titre
significatif entre tous, sont des plus fréquents.
Cette transposition est dûment établie, mais nul
doute que le Roman Noir n'ait joué quelque rôle
de son côté; *Les Mystères de Paris* se souviennent
parfois en effet des *Mystères du Château d'Udol-
phe*[1]. Rapidement, la structure mythique se développe : à la Cité innombrable s'oppose le Héros
légendaire destiné à la conquérir. De fait, il n'est
guère d'ouvrages du temps qui ne contiennent
quelque invocation inspirée à la capitale, et le cri
célèbre de Rastignac est d'une discrétion inac-
coutumée, encore que l'épisode comporte tous
les traits habituels du thème. Les héros de Pon-
son du Terrail sont plus lyriques dans leurs
inévitables discours à la « Babylone moderne »
(on ne nomme plus Paris autrement)[2], qu'on lise
par exemple celui d'Armand de Kergaz dans *Les
Drames de Paris*, celui surtout du génie du mal, le
faux Sir Williams, dans *Le Club des Valets de
Cœur* :

O Paris, Paris! Tu es la vraie Babylone, le vrai champ de
bataille des intelligences, le vrai temple où le mal a son culte
et ses pontifes, et je crois que le souffle de l'archange des
ténèbres passe éternellement sur toi comme les brises sur
l'infini des mers. O tempête immobile, océan de pierre, je

1. Notamment par l'importance prépondérante des caves et des
souterrains.
2. Il faut sans doute rechercher l'origine de cette appellation dans
les sermons des prédicateurs effrayés des innombrables dangers de
perdition de la grande ville. Il y aurait ainsi toute une recherche à
faire sur le rôle de l'Eglise dans la création du mythe de Paris et la
façon dont celui-ci a hérité d'une représentation elle-même en partie
mythique de Babylone.

veux être au milieu de tes flots en courroux cet aigle noir qui insulte à la foudre et dort souriant sur l'orage, sa grande aile étendue; je veux être le génie du mal, le vautour des mers, de cette mer la plus perfide et la plus tempétueuse, de celle où s'agitent et déferlent les passions humaines.

Dans ces lignes où les hellénistes reconnaîtront avec surprise une des images les plus connues de Pindare, on croit percevoir *les paroles insensées, quoique pleines d'une infernale grandeur* du comte de Lautréamont[1]. M. Régis Messac l'a déjà signalé. En effet, c'est bien du même Paris qu'il s'agit, celui dont Eugène Sue avait décrit les tapis francs et peuplé les souterrains labyrinthiques de personnages aussitôt célèbres : le Chourineur, le prince Rodolphe, Fleur de Marie, le Maître d'Ecole. Le décor de la ville participe au mystère; on se rappelle la lampe divine au bec d'argent, aux lueurs « blanches comme la lumière électrique » qui, dans *Les Chants de Maldoror*, descend lentement la Seine en traversant Paris. Plus tard, à l'autre extrémité du cycle, dans *Fantômas*, la Seine connaîtra aussi, vers le Quai de Javel, d'inexplicables lueurs errant dans ses profondeurs. Ainsi les mystères de Paris se perpétuent identiques à eux-mêmes : les mythes ne sont pas si fuyants qu'on croit.

Cependant, il paraît sans cesse de nouvelles œuvres dont la ville est le personnage essentiel et diffus, et le nom de Paris qui figure presque

---

1. Je ne veux marquer ici que la communauté de style, de langage dans le lyrisme. Les rapports des *Chants de Maldoror* et du roman-feuilleton sont trop connus d'autre part pour qu'il soit nécessaire d'y insister ici. Leur étude sérieuse reste cependant à entreprendre.

toujours dans le titre avertit assez que le public aime qu'il en soit ainsi[1]. Comment, dans ces conditions, ne se développerait-il pas en chaque lecteur la conviction intime, qu'on perçoit encore aujourd'hui, que le Paris qu'il connaît n'est pas le seul, n'est pas même le véritable, n'est qu'un décor brillamment éclairé, mais trop *normal*, dont les machinistes ne se découvriront jamais, et qui dissimule un autre Paris, le Paris réel, un Paris fantôme, nocturne, insaisissable, d'autant plus puissant qu'il est plus secret, et qui vient à tout endroit et à tout moment se mêler dangereusement à l'autre? Les caractères de la pensée enfantine, l'artificialisme en premier lieu, régissent cet univers étrangement présent; rien ne s'y passe qui ne soit prémédité de longue date, rien n'y répond aux apparences, tout y est préparé pour être utilisé au bon moment par le héros tout-puissant qui en est le maître. On a reconnu le Paris des livraisons de *Fantômas*. M. Pierre Véry en a brillamment rendu l'atmosphère. Le héros type, selon lui, est l'Homme-aux-verres-fumés : « le génie du crime, l'empereur de l'épouvante, le maître des transformations saugrenues, celui qui modifie à volonté son visage et

1. Il faut citer quelques titres. Je les extrais de la bibliographie de M. Messac : 1841, H. Lucas, *Les Prisons de Paris*; 1842-43, E. Sue, *Les Mystères de Paris*; 1844, Vidocq, *Les Vrais Mystères de Paris*; 1848, M. Alhoy, *Les Prisons de Paris*; 1852-56, X. de Montépin, *Les Viveurs de Paris*; 1854, Alex. Dumas, *Les Mohicans de Paris*; 1862, P. Bocage, *Les Puritains de Paris*; 1864, J. Claretie, *Les Victimes de Paris*; 1867, Gaboriau, *Les Esclaves de Paris*; 1874, X. de Montépin, *Les Tragédies de Paris*; 1876, F. de Boisgobey, *Les Mystères du nouveau Paris*; 1881, J. Claretie, *Le Pavé de Paris*; 1888, G. Aymard, *Les Peaux-Rouges de Paris*, etc. Il faudrait naturellement ajouter les titres du type *Les Mystères du Grand Opéra* de Léo Lespès (1843), où le nom de Paris n'est que suggéré et ceux du type *Les Mystères de Londres* (Paul Féval, 1844), où il est seulement transposé.

dont le costume, perpétuellement changeant, défie toute description; celui à qui ne s'applique aucun signalement..., celui sur qui les balles ne portent pas, sur qui s'émoussent les lames, qui absorbe les poisons comme d'autres le lait ». Et voici une page de sa vie selon le même auteur :

Il était celui dont la demeure, truquée, communique par d'inimaginables ascenseurs avec le cœur de la terre. Au milieu d'un champ, il reparaît. Passe une fille de ferme, une gardeuse d'oies qui est, qui ne peut être qu'un limier déguisé. L'autre flaire le danger, rentre sous le sol. Le long de souterrains fermés, tous les cent mètres de portes de triple acier qu'il actionne du petit doigt au moyen d'un bouton, il traverse des repaires bourrés d'armes et de bijoux, des laboratoires garnis de cornues, de bombes, de machines infernales : enfin, il resurgit à la surface. A Notre-Dame, la nuit. Un autel pivote. Voici l'homme aux verres fumés, il a les clefs de la sacristie et le bedeau, qui est son complice, l'éclaire avec un cierge. Au Musée du Louvre. Le portrait de la Joconde s'écarte, l'homme aux verres fumés se montre. Il a les clefs de la porte et celles de la grille, le gardien, qui lui est dévoué, l'éclaire avec une lanterne sourde. Dans les caves de la Préfecture, maintenant. C'est lui, toujours. Les agents, qui sont ses créatures, feignent de dormir sur son passage. Là encore il a les clefs. Il a toutes les clefs.

Puis il est dans un café, il commande un bock : le garçon qui est son âme damnée, glisse un billet sous la soucoupe. Paisiblement l'homme aux verres fumés gagne la porte. (Il était temps. Dans son dos, une troupe d'inspecteurs, revolver au poing, fait irruption dans le débit; ceux-ci ne sont pas de sa bande.) Lui, cependant, etc.[1].

1. Pierre Véry, *Les Métamorphoses*, N.R.F., 1931, p. 178-179. On doit également à M. Véry, outre de nombreux romans policiers, un remarquable article publié peu de temps auparavant dans la *Revue Européenne* (mai-juin-juillet 1930), où il montre une exceptionnelle compréhension de l'imagination moderne et qui vaut d'être signalé.

On excusera cette longue citation, mais son allure de dithyrambe, particulièrement adaptée au sujet, la laisse difficilement couper. Elle répond, au surplus, comme on le verra, aux arrière-pensées des créateurs du genre. Enfin, elle consacre un nouveau progrès dans la description mythique de la capitale : la fissure idéale qui séparait le Paris des apparences du Paris des mystères est comblée. Les deux Paris qui, au début, coexistaient sans se confondre sont maintenant réduits à l'unité. Le mythe s'était d'abord contenté des facilités de la nuit et des quartiers périphériques, des ruelles inconnues et des catacombes inexplorées. Mais il a gagné rapidement la pleine lumière et le cœur de la cité. Il *occupe* les édifices les plus fréquentés, les plus officiels, les plus rassurants. Notre-Dame, le Louvre, la Préfecture sont devenus ses terres d'élection. Rien n'a échappé à l'épidémie, le mythique a partout contaminé le réel.

Qu'on soit redevable avant tout au roman policier de cette transfiguration de la vie moderne, Chesterton le signalait déjà en 1901 : « Cette conception de la grande cité elle-même comme une chose d'une étrangeté frappante a trouvé certainement dans le roman policier son *Iliade*. Personne n'a pu s'empêcher de remarquer, que, dans ces histoires, le héros ou l'enquêteur traversent Londres avec une insouciance de leurs congénères et une liberté d'allures comparables à celles d'un prince de légende voyageant au pays des elfes. Au cours de cet aventureux voyage, le banal omnibus revêt les apparences antédiluviennes d'un navire enchanté. Voici que les lumières de la ville brillent comme les yeux d'innombrables farfadets, etc.[1]. »

On est ainsi en présence d'une poétisation de la civilisation urbaine, d'une adhésion réellement profonde de la sensibilité à la ville moderne, qui naît d'ailleurs au même moment à son aspect actuel. Il faut maintenant chercher si ce phénomène n'est pas significatif d'une révolution de l'esprit d'un caractère plus général. Car, si cette transfiguration de la ville est bien un mythe, elle doit être, comme les mythes, susceptible d'interprétation et révélatrice de destins.

On tient déjà le substrat social et démographique : accroissement considérable de la concentration industrielle, de l'exode rural, de la surpopulation urbaine, débuts des grands magasins (*La fille mal gardée*, *Les deux magots*, *Le diable boiteux*, etc.), de la haute finance (Rothschild, Fould, les frères Pereire, etc.), des sociétés par actions, etc. En 1816, à la Bourse, 7 valeurs sont cotées, plus de 200 en 1847. La construction des chemins de fer est activement poussée. La prolétarisation produit ses premiers drames et les sociétés politiques secrètes pullulent.

On comprend qu'un changement si radical ait provoqué quelque enivrement dans les consciences déjà troublées par le Romantisme. Mais, cette fois, le choc était en sens inverse : c'est un appel impérieux, mais non moins lyrique, de la réalité et de l'actuel. De fait, l'élection de la vie urbaine à la qualité de mythe signifie immédiatement pour les plus lucides un parti pris aigu de

1. G. K. Chesterton, « Defense of the detective story », *The Defendant*, Londres, 1901, p. 158. Cf. R. Messac, *op. cit.*, p. 11.

modernité. On sait quelle place tient chez Baudelaire ce dernier concept : on ne s'étonnera pas de
rencontrer en lui un partisan décidé, passionné,
de la nouvelle orientation. Il s'agit là, pour lui,
dit-il, de la question « principale et essentielle »,
celle de savoir si son temps possède « une
beauté particulière, inhérente à des passions
nouvelles ». On connaît sa réponse : c'est la
conclusion même de son écrit théorique le plus
considérable, au moins par son étendue :

« Le merveilleux nous enveloppe et nous
abreuve comme l'atmosphère : mais nous ne le
voyons pas... Car les héros de *L'Iliade* ne vont
qu'à votre cheville, ô Vautrin, ô Rastignac, ô
Birotteau, – et vous, ô Fontanarès, qui n'avez pas
osé raconter au public vos douleurs sous le frac
funèbre et convulsionné que nous endossons
tous; – et vous, ô Honoré de Balzac, vous le plus
héroïque, le plus singulier, le plus romantique et
le plus poétique parmi tous les personnages que
vous avez tirés de votre sein[1]. »

C'est ainsi un premier état d'une sorte de
théorie du caractère épique de la vie moderne,
aux conséquences encore imprévisibles, mais
que Baudelaire emploiera sa vie entière à développer[2] et dont *Les Fleurs du Mal* ne sont qu'une
insuffisante illustration, un pis-aller aux yeux
mêmes de leur auteur peut-être, qui songe alors
à écrire des *romans* (dont il n'a laissé que les
titres) et qui confie à sa mère en décembre

---

1. Baudelaire, *Salon de 1846*, ch. XVIII, « De l'héroïsme de la vie
moderne ».
2. Cf. « Le peintre de la vie moderne », « l'école païenne », etc.

1847[1] : « A partir du jour de l'an, je commence un nouveau métier – c'est-à-dire la création d'œuvres d'imagination pure – le Roman. Il est inutile que je vous démontre la gravité, la Beauté et le côté infini de cet art-là... » Plus tard, il envisagera de jurer que *Les Fleurs du Mal* sont un « livre d'art pur », mais il prévient en même temps que, ce faisant, il mentira « comme un arracheur de dents[2] ». On comprend alors dans quel esprit il invoque Balzac qui développe plus qu'un autre le mythe de Paris dans le sens baudelairien. Victor Hugo cède au courant à son tour et écrit *Les Misérables*, épopée de Paris pour une notable part, après l'exotisme clinquant des *Orientales* et de *Han d'Islande* (qu'on mesure le chemin parcouru)[3]. Lui non plus ne voit pas un réaliste dans Balzac : « Tous ses livres, dit-il dans son discours sur la tombe du romancier, ne forment qu'un livre, livre vivant, lumineux, profond, où l'on voit aller et venir, marcher et se mouvoir, avec je ne sais quoi d'effaré et de terrible mêlé au réel, toute notre civilisation contemporaine. » Baudelaire ne changera pas d'opinion à ce sujet : « J'ai maintes fois été étonné que la grande gloire de Balzac fût de passer pour un observateur. Il m'a toujours semblé que son principal mérite était d'être un visionnaire, et un vision-

---

1. C'est-à-dire dix ans avant *Les Fleurs du Mal* : on voit combien peu celles-ci, malgré la légende, représentent la vocation tyrannique de toute une vie.
2. *Lettres*, Paris, 1905, p. 522.
3. Plus tard, dans *L'Homme qui rit*, V. Hugo s'attachera à décrire l'atmosphère d'une ville la nuit : « le petit errant subissait la pression indéfinissable de la ville endormie. Ces silences de fourmilières paralysées dégagent du vertige. Toutes ces léthargies mêlent leurs cauchemars, ces sommeils sont une foule, etc. ».

naire passionné[1]. » Quand il établit pour son
compte la théorie de l'héroïsme moderne, c'est
d'ailleurs au Paris de Sue et de Balzac qu'il
pense, mieux c'est déjà au fait divers qu'il fait
appel : « Le spectacle de la vie élégante et des
milliers d'existences flottantes qui circulent dans
les souterrains de la grande ville – criminels et
filles entretenues, – la *Gazette des Tribunaux* et le
Moniteur nous prouvent que nous n'avons qu'à
ouvrir les yeux pour connaître notre héroïsme[2]. » Ce goût de la modernité va si loin que
Baudelaire comme Balzac l'étend aux plus futiles
détails de la mode et de l'habillement. Tous deux
les étudient en eux-mêmes et en font des questions morales et philosophiques[3], car ils représentent la réalité immédiate dans son aspect le
plus aigu, le plus agressif, le plus irritant peut-
être, mais aussi le plus généralement vécu[4]. En
outre, comme l'a fortement marqué E. R. Curtius, ces détails vestimentaires manifestent « la
transposition sur le mode capricieux et souriant

1. Article sur Théophile Gautier, chap. IV.
2. *Salon de 1846*, chap. XVIII. Il faut se rappeler que *Les Mystères de
Paris* sont de 1843 et remarquer que « les millions d'existences
flottantes qui circulent dans les souterrains d'une grande ville » sont
pour un esprit aussi critique que Baudelaire un *objet de croyance*. Ceci
prouve déjà à soi seul le caractère mythique de la représentation de
Paris. Il restera tel pour le poète toute sa vie durant : qu'on pense aux
« Tableaux Parisiens » des *Fleurs du Mal*, et surtout au *Salon de 1859*
où Baudelaire regrette longuement l'absence de peintures représentant la solennité naturelle d'une ville immense, la *noire majesté de la
plus inquiétante des capitales*, que seul un officier de marine a réussi à
bien rendre (chap. VIII).
3. Baudelaire rompt des lances en faveur de l'habit noir (cf. *supra*)
et Balzac écrit une *Physiologie de la cravate et du cigare*, une *Théorie du
gant*, un *Traité de la vie élégante*.
4. De plus, pour Baudelaire, ces préoccupations rejoignent son
importante théorie du *Dandysme* dont précisément il fait une question
de morale et de modernité.

de la lutte pathétique et violente que se livrent les forces nouvelles de l'époque[1] ».

Il n'est pas difficile d'apercevoir que cette attention systématique à la vie contemporaine signifie d'abord une opposition aux caractères extérieurs du Romantisme : goût de la couleur locale, du pittoresque exotique, du gothique, des ruines et des fantômes. Mais elle suppose aussi, plus profondément, une rupture radicale avec le mal du siècle, en tout cas la réforme du concept du héros maladif, rêveur et inadapté. En effet, en face de la ville mythique, *creuset des passions*, qui exalte et broie tour à tour les caractères bien trempés, il faut un héros animé de volonté de puissance, pour ne pas dire de césarisme. « La destinée d'un homme fort est le despotisme », écrit Balzac et un de ses meilleurs analystes remarque qu'il a peint « des êtres qui, sortis des troubles et des confusions de la vie sentimentale, délivrés du dégoût paralysant de la vie, ont retrouvé le chemin de la responsabilité morale, de l'activité efficace, de la foi qui rompt tous les obstacles[2] ». Tels de ses romans sont ainsi des réponses caractérisées à *René* ou à *Obermann*. De fait, le rêve et ses succédanés ne jouent pas grand rôle dans la vie des personnages de Balzac. Pour un peu, sans doute, ils le traiteraient avec le mépris de D. H. Lawrence qui le compare aux ordures des poubelles et considère comme une étrange aberration, non qu'on s'y intéresse, mais

---

1. E.R. Curtius, *Balzac*, trad. franç., p. 194-195.
2. E.R. Curtius, *op. cit.*, p. 303.

qu'on y attribue une *valeur*[1]. Cependant, pour
être délibérément attachés à l'action, les personnages de *La Comédie humaine* n'en sont pas
moins romantiques, soit qu'il entre nécessairement dans la nature du héros une part de
Romantisme qui tienne à la fonction sociologique
de la notion, soit, comme l'indique Baudelaire,
ici comme toujours le complice de Balzac dans
cette aventure de la modernité, que le Romantisme demeure une « grâce, céleste ou infernale » dispensatrice de « stigmates éternels[2] ».

Quoi qu'il en soit, héros civilisateurs comme
Benassis ou conquérants comme Rastignac, les
personnages de Balzac, quand ils arrivent à pied
d'œuvre devant la *réalité rugueuse à étreindre*,
laissent généralement derrière eux un passé
quelque peu brumeux, incertain ou difficile,
apparenté à la vie de leurs prédécesseurs de la
belle époque romantique, passé au cours duquel
ils se sont formés et dont ils gardent l'empreinte,
mais dont ils s'éloignent sans nostalgie et qui
pourrait, par tous ces caractères, correspondre,
en mythologie classique, à la période dite d'*oc-
cultation*, qui précède toujours pour le héros le
temps des épreuves et celui du triomphe : Dio-
nysos à Nysa, Apollon berger chez Admète,
Œdipe avant le Sphinx, Achille chez les femmes
de Scyros. Rien n'est plus instructif à cet égard

---

1. « Il est au-dessous de notre dignité d'accorder à ce ramassis une
importance réelle. Il est toujours au-dessous de notre dignité de
dégrader l'intégrité individuelle en allant fouiller et remuer l'ordure
de l'accident et de l'inférieur, le ramassis des coïncidences mécani-
ques et des automatismes. Seuls ont un sens les événements qui
concernent une âme dans sa pleine intégrité, soit qu'ils en sortent, soit
qu'ils la modifient. » *Fantaisie de l'inconscient*, p. 202-3.
2. *Salon de 1859*, chap. VI.

que le type de Vautrin, à la fois révolté et créateur[1], le *forçat intraitable sur qui se referme toujours le bagne*, et, en même temps, réalisateur intelligent et précis qui tient dans l'ombre les fils d'une machination compliquée et grandiose[2].

En somme, ni le héros romantique, ni le héros *moderne* ne sont satisfaits de l'état de fait que leur crée la société. Mais l'un s'en écarte alors que l'autre en décide la conquête, si bien que le Romantisme aboutit à une théorie de l'ennui, le sentiment *moderne* de la vie à une théorie du pouvoir ou, au moins, de l'énergie. Dans le Paris transfiguré de Hugo et de Balzac, apparaissent sans tarder les figures d'Enjolras et de Z. Marcas – ces premiers représentants du type, spécifiquement français selon Curtius, du révolutionnaire chaste – qui ne conçoivent le pouvoir que revêtu de ce caractère impitoyable et quasi *pontifical*[3] dont D. H. Lawrence a donné de saisissantes formules. Baudelaire, de son côté, imaginait que l'exercice seul du pouvoir donne « à défaut de vertu, une certaine noblesse d'attitude[4] », annonçant ainsi la conception du romancier anglais : « Il faut bien que quelqu'un exerce le pouvoir et ceux-là doivent le posséder qui ont pour lui un don naturel et qui ressentent quelque respect

1. Voir l'analyse de Curtius, *op. cit.*, p. 159.
2. C'est proprement ce complexe que j'appelle l'esprit *luciférien*. Il correspond au moment où la révolte se mue en volonté de puissance et sans rien perdre de son caractère passionné et subversif, attribue à l'intelligence, à la vision cynique et lucide de la réalité, un rôle de premier plan pour la réalisation de ses desseins. C'est le passage de *l'agitation à l'action.*
3. Le mot est de Hugo qui décrit Enjolras comme une *nature pontificale et guerrière*. Le personnage, *angéliquement beau* par ailleurs, paraît être assez exactement inspiré de Saint-Just.
4. *Salon de 1859*, chap. VI.

pour son caractère sacré[1]. » Ce *don naturel* recouvre étrangement ici *les dons célestes que le travail et l'argent ne peuvent conférer*, ces dons auxquels pense Baudelaire quand il parle de fonder *une espèce nouvelle d'aristrocratie*[2]. De nouveau cette préoccupation rejoint Lawrence : « Nous fonderons un ordre de chevalerie où nous serons tous princes comme les anges. Il faut que nous réalisions ce rêve ou du moins que nous lui donnions la vie, que nous le fassions naître sur la terre surveillée par notre vieil esprit de ruse, guidée par nos habitudes ancestrales de militarisme mercenaire[3]. » Quant à Balzac, il suffira, pour boucler le cycle, de se souvenir que c'est l'homme dont la première œuvre, ou presque, se trouve être une *Histoire impartiale des Jésuites*, qu'il considérait comme un hommage « à la plus belle société qui jamais ait été formée » et qu'il est en même temps le créateur de Vautrin et l'auteur de l'*Histoire des Treize* dont on se rappelle assez le début : « Il s'est rencontré sous l'Empire et dans Paris treize hommes également frappés du même sentiment, tous doués d'une assez grande énergie pour rester fidèles à la même pensée..., assez profondément politiques pour dissimuler les liens sacrés qui les unissaient, assez forts pour se mettre au-dessus de toutes les lois, assez hardis pour tout entrepren-

1. D. H. Lawrence, *Kangourou*. Il faut souligner que cette conception du pouvoir est aux antipodes de la théorie maurassienne de la monarchie et se rapproche beaucoup des conclusions de Frazer dans *Les Origines magiques de la Royauté*. C'est du reste un bon signe qu'elle se situe du côté de la science et non de la construction *a priori*.

2. Baudelaire, *Le Peintre de la vie moderne*, chap. IX, « Le Dandy ».

3. D. H. Lawrence, Lettre à Lady Ottoline Morrel, 1er févr. 1915. Cf. *Lettres choisies*, Paris, 1934, t. I., p.122.

dre... » Leur chef avait présumé lui aussi, « que la société devait appartenir tout entière à des gens distingués qui, à leur esprit naturel, à leurs lumières acquises, à leur fortune, joindraient un fanatisme assez chaud pour fondre en un seul jet ces différentes forces ». D'autre part, comme les Dandys à propos desquels Baudelaire pense à fonder sa nouvelle espèce d'aristocratie, ce sont des gens « supérieurs, froids et railleurs », en outre « entraînés vers des jouissances asiatiques par des forces d'autant plus excessives que, long-temps endormies, elles se réveillaient plus furieuses[1] ». Les deux écrivains, d'ailleurs, invo-quent rigoureusement les mêmes exemples : la Société de Jésus et le Vieux de la Montagne. Comparables en effet *aux ambitieux et humbles sectaires*[2] de celui-ci, les mythiques associés du romancier, qui jouissent du « bonheur continu d'avoir un secret de haine en face des hommes », tiennent sous leur mystérieux empire un Paris dont Balzac fait une longue description lyrique et physiognomonique en commençant son récit. Dépeints enfin comme des « flibustiers en gants jaunes et en carrosse »[3], ils sont déjà du domaine de la littérature populaire. Voici donc à quoi rime dans les cerveaux lucides et privilégiés cette arrière-pensée de la fondation d'un ordre monas-tique et militaire, réservé à l'élite, dispensé de la morale vulgaire, voué à la conquête par principe comme par instinct; c'est la contrepartie élabo-

---

1. Balzac, *Histoire des Treize*, Préface.
2. Baudelaire, *loc. cit.*
3. Balzac, *loc. cit.*

rée du mythe que le roman-feuilleton vient de
répandre et qui impose déjà confusément aux
imaginations la vision d'une immense ville
endormie sur qui un gigantesque Fantômas mas-
qué, rasé de frais, en habit et en haut-de-forme, le
pied posé sur quelque édifice, étend une main
toute-puissante, dans l'attitude que chacun verra
plus tard, sur la couverture des magazines.

En somme, vers 1840, on constate un changement considérable dans le monde extérieur,
principalement dans le décor urbain, et en même
temps, naît une conception de la ville de caractère nettement mythique, qui entraîne une évolution du héros et une révision sévère des valeurs
romantiques. Cette révision tend à en éliminer
les parties faibles, à en systématiser au contraire
les côtés agressifs et entreprenants. Le Romantisme, en effet, marque la prise de conscience par
l'homme d'un faisceau d'instincts à la répression
desquels la société est fortement intéressée,
mais, pour une large part, il manifeste l'abandon
de la lutte, le refus même du combat. Aussi
l'écrivain romantique a-t-il volontiers devant la
société une attitude défaitiste. Il se tourne vers
les diverses formes du rêve, *vers une poésie de
refuge et d'évasion.* La tentative de Balzac et de
Baudelaire est exactement inverse et tend à
intégrer dans la vie les postulations que les
Romantiques se résignaient à satisfaire sur le
seul plan de l'art et dont ils nourrissaient leurs
poésies. Par là, cette entreprise est bien apparen-
tée au mythe, *qui signifie toujours un accroissement du rôle de l'imagination dans la vie*, en tant

que, par nature, il est susceptible de provoquer à
l'acte. Par contre une littérature de refuge et
d'évasion reste proprement *littéraire*, car elle sert
à procurer *les plus idéales, les plus inoffensives des
satisfactions de substitution* et détermine par conséquent un recul de l'imagination dans le
domaine des exigences pratiques. Il suit de là
que le Romantisme d'ancienne observance se
trouve par essence radicalement incapable de
mythes. Certes il produisait avec complaisance
des contes de fées et des histoires de revenants,
se berçait de fantastique, mais s'éloignait du
mythe par le fait même. En effet celui-ci, *impératif et exemplaire*, n'a rien de commun avec
un goût du surnaturel qui agit à la manière
d'un *dérivatif* et manifeste seulement une adaptation insuffisante à la société, au lieu d'en représenter une vision collective, exaltée et entraî-
nante.

Pour que l'œuvre d'un Balzac, au contraire,
apparaisse authentiquement mythique, il suffira
de rappeler que, du vivant même de son auteur,
s'étaient constitués à Venise et en Russie des
cercles d'hommes et de femmes qui se distri-
buaient les rôles des personnages de *La Comédie
humaine* et s'appliquaient à vivre à leur ressemblance. L'enfantillage de semblables manifestations n'est pas en question. Il faut prendre garde,
cependant, qu'on ignore trop la nature des
besoins mal définis qu'elles supposent et qu'il est
assez patent que c'est un sûr moyen d'agir sur
l'homme que de spéculer sur eux.

Il est enfin permis d'avancer une grave conclu-

sion : le mythe de Paris annonce d'étranges pouvoirs de la littérature. Il semble que l'art, plus
encore, *l'imagination dans son ensemble*, renonce
à son monde autonome pour tenter ce que
Baudelaire, qu'il faut citer une dernière fois,
appelle lumineusement la « traduction *légendaire* de la vie extérieure[1] ». Expression d'une
même société, ce qui s'écrit, à quelque niveau
qu'on l'examine, laisse voir une cohérence
insoupçonnée, par suite une capacité de persua-
sion, sinon de pression et d'asservissement, qui
fait enfin de la littérature quelque chose de
sérieux. La recherche du Beau, si suspecte
comme activité valable dès qu'on n'est pas esthè-
te, paraît négligeable au prix de l'ensemble du
phénomène. On ne s'y intéresserait que par
caprice d'oisif. Il est possible qu'il y ait là une
perte sèche pour l'art proprement dit, – encore
est-ce à discuter. De toute façon, cela même n'est
rien. Il est en effet autrement important de
concevoir la possibilité d'infléchir l'esthétique
vers la *dramaturgie*, c'est-à-dire vers l'action sur
l'homme à la faveur de représentations suscitées
par la morphologie même de la société où il vit
et inhérentes à son évolution et à ses difficultés
particulières. Il est plus important encore de
constater qu'en fait, *depuis que tout le monde lit*[2],
se passent des phénomènes de ce genre. Car de
nouveau, dans ces conditions, il faut poser la

1. *Le Peintre de la vie moderne*, chap. V. C'est Baudelaire lui-même
qui souligne le mot *légendaire*.
2. C'est-à-dire depuis l'institution de l'instruction primaire obligatoire, dont la diffusion effective est précisément contemporaine de la
formation du mythe de Paris.

question du mythe et compter avec lui, – et ceci engage, comme on pense, à considérer beaucoup de choses sous un angle nouveau[1].

1. Ce travail ne veut être qu'une sorte de preuve par l'exemple, qu'il existe des avantages substantiels à étudier la littérature indépendamment de tout point de vue esthétique et à considérer plutôt son rôle d'emprise, son conditionnement social, sa fonction de mythe en rapport avec des phases nouvelles de l'histoire des idées et de l'évolution du milieu. La documentation de cette étude est fragmentaire, l'analyse en est incomplète, les conclusions sujettes peut-être à révision. Mais dans l'état actuel des recherches, il ne pouvait en être autrement, car l'intérêt des questions de ce genre n'a pas encore, semble-t-il, attiré autrement que par ricochet l'attention commune. Il aurait été d'une grande importance d'être bien informé sur les points suivants qui pourraient faire l'objet d'autant de monographies : 1. Descriptions de Paris avant le XIXᵉ siècle, principalement chez Marivaux et Restif de la Bretonne; 2. Rôle de Paris pendant la Révolution, polémiques entre Girondins et Montagnards tendant à opposer la capitale à la province, répercussions dans les esprits des grandes journées révolutionnaires *parisiennes*; 3. Développement de la police secrète sous l'Empire et la Restauration : ce que l'atmosphère urbaine y gagne en mystère dans les imaginations; 4. Peinture morale de Paris, chez les principaux écrivains du temps et son évolution : Hugo, Balzac, Baudelaire; 5. Etude des descriptions objectives de Paris : Dulaure, Maxime Du Camp; 6. Vision poétique de Paris; Vigny, Hugo (surtout le long panégyrique historico-métaphysique de l'*Année terrible* : « Paris incendié »), Rimbaud, etc. C'est seulement une fois cette enquête achevée que la question pourra être traitée comme elle le mérite. Mais il n'était sans doute pas prématuré de tracer le schéma de la recherche et d'en marquer la portée.

CONCLUSION

> *Dans le trouble de ces époques, quelques hommes déclassés, dégoûtés, désœuvrés, mais tous riches de force native, peuvent concevoir le projet de fonder une nouvelle espèce d'aristocratie, d'autant plus difficile à rompre qu'elle sera basée sur les facultés les plus précieuses, les plus indestructibles, et sur les dons célestes que le travail et l'argent ne peuvent conférer.*
>
> Baudelaire.

L'examen du monde moderne est fait pour apporter à qui s'y livre à peu près tous les dégoûts. On ne sait que trop ce qu'il en est dans l'ordre économique et social, et plus généralement dans le domaine des relations humaines : rien à prolonger, tout à reprendre. Mais, dans le cercle plus étroit des choses de l'esprit, la crise n'est pas moins profonde. Les formes avancées de la littérature et de l'art, celles-là mêmes qui s'étaient donné pour tâche la libération de l'esprit, le surréalisme par exemple, après des années d'efforts louables, l'entraînent à présent dans des activités à demi esthétiques qui, à la

longue, prennent un caractère maniaque et purement rituel. La philosophie se donnait depuis
toujours le même but : l'absence complète d'autorité et de méthode y aboutit à un extrême
éparpillement des points de vue et des préoccupations, si bien que des recherches aussi anarchi-
ques, dépareillées et incapables de concourir
utilement à fonder quelque conception du monde, découragent les meilleures volontés et les
plus fermes espoirs. La science enfin se débat
dans des difficultés sans précédent qui la forcent
à mettre en cause ses principes les mieux établis.
C'est au point que cet esprit rationaliste qui l'a
couvée la regarde maintenant avec épouvante
comme une conception monstrueuse et dénatu-
rée, mais vorace. De la physique à la psychopathologie, il trouve les plus pressants sujets
d'alarme dans des découvertes et des théories
que la fantaisie poétique, si libre, n'a même pas
su rêver, à sa honte, et que l'investigation méthodique a dû concevoir bon gré, mal gré[1], précisément parce qu'elle n'est pas libre et qu'il n'est
pour elle de plus stricte obligation qu'une métamorphose exhaustive et continue, transformant
sans cesse sa structure intime par l'intégration
de la nature propre des obstacles qu'elle réduit.

Mais la description des ombres du tableau fait
déjà prévoir une possibilité de lumière, car ces

---

1. Il est significatif en tout cas que les tentatives les plus audacieu-
ses et les mieux menées de destruction des *formes de la sensibilité* et
des *anticipations de la perception* soient venues non de la poésie, mais
de la science, spécialement de la physique relativiste, qui fournit ainsi
la plus importante contribution à la mise en œuvre du *long, immense
et raisonné dérèglement de tous les sens* réclamé par Rimbaud.

ombres mêmes indiquent les unes la *direction*, les autres les *éléments* d'une réforme qu'il faut espérer salutaire.

Dans un monde, en effet, où la confusion tient communément lieu de profondeur, la paresse et le hasard d'audace et de lucidité, la négligence de maxime de gouvernement, où l'arrogance la moins fondée se fait passer pour génie, une certaine vigueur dans la décision et une grande sévérité dans la réalisation doivent suffire à rallier les suffrages qui comptent. Quant aux autres, il est dans leur nature de suivre et de se soumettre.

*

Intellectuellement, le redressement doit être total. Il faudra l'opérer avec une fermeté exempte de toute concession. J'écrivais naguère : « Les audaces du laisser-aller n'ont pas connu de bornes. Elles se seraient même érigées en système, si ce n'était précisément la faiblesse organique du laisser-aller que de ne pouvoir, en aucun cas, se constituer en système. N'importe : il ne faut pas aller aujourd'hui dans la rigueur moins loin qu'hier, d'autres, dans la complaisance. » Je ne me lasserai pas de répéter ce mot d'ordre. *Mais il n'en faut pas moins considérer le problème dans toutes ses données* : il n'a servi de rien à un certain esprit abstrait et grossièrement simplificateur (que les qualificatifs de rationaliste et de positiviste désignent suffisamment) de rejeter dans les ténèbres extérieures tout ce que l'expérience vécue offrait d'irréductible à ses cadres étroits. Cette attitude si incompréhensive, qui portait en elle-même le germe de sa mort, devait entraîner, en divers sens, de funestes conséquences.

Depuis toujours, en effet, l'esprit se trouve aux prises avec des problèmes extraordinairement troublants et ne paraît devoir se satisfaire que par leur résolution. *Il est dans l'homme toute une nappe d'ombre qui étend son empire nocturne sur la plupart des réactions de son affectivité comme des démarches de son imagination et avec qui son être ne peut cesser un instant de compter et de débattre.* L'intraitable curiosité de l'homme s'adresse d'abord à ces mystères si étrangement limitrophes de sa conscience claire, si bien que toute connaissance qui, leur refusant attention et crédit, les écarte de parti pris ou les néglige par indifférence, lui paraît, à juste titre, trahir irrémédiablement son destin. Aussi quand l'esprit positiviste cantonna l'investigation méthodique hors de ces obstacles émouvants, ceux-ci devinrent l'apanage exclusif de forces émotionnelles et sentimentales qui, incapables de les dominer, trouvèrent leur compte à le diviniser.

Alors se développa cette tendance désastreuse à parer de toutes les vertus le merveilleux et l'insolite considérés comme tels et qu'on se fit un métier de maintenir dans cet état. On se plaisait, avec Rimbaud, à trouver sacré le désordre de son esprit, mais on n'avait pas, comme lui, la lucidité de l'avouer crûment et le courage de se retirer d'un jeu si vain. Il est temps de rompre avec cet hédonisme intellectuel. Assurément, le mystère a beaucoup de comptes à rendre, beaucoup d'aveux à faire : mais ce ne sont pas ceux qui flattent et adoptent devant lui quelque attitude extatique qui les obtiendront car, là encore, le ciel appartient aux violents.

D'autres, il est vrai, se montrent moins enclins à se contenter d'une si futile jouissance qu'à concéder à l'inconnu une certaine transcendance par rapport aux modes discursifs de la pensée et prétendent dépasser ceux-ci pour accéder de plain-pied à l'inintelligible par une véritable *mutation brusque*, rupture radicale dans la continuité du développement intellectuel.

On voit mal pourtant quel principe peut permettre de conclure de l'incompris à l'incompréhensible : c'est à tout le moins faire bon marché de la perfectibilité de l'esprit et trop s'attacher aux cadres actuels de la pensée, que l'on suppose imprudemment inextensibles. *D'autre part, il est peu probable qu'un monde qui se présente de toute part comme un univers, comporte une hétérogénéité insurmontable entre l'aperçu et les formes de l'aperception.* Enfin, pratiquement, une appréhension transcendante suppose un abandon soudain et total des cadres précédents de la pensée, alors que rien ne prouve qu'il ne vaille pas mieux conserver la syntaxe actuelle de la compréhension, sous réserve de la développer comme il conviendra. Il est au moins imprudent d'abandonner un bien qu'on possède pour un autre qu'on imagine : le résultat pourrait être fort décevant. De toute façon, outre les diverses suspicions que la pensée systématisée réussit à faire peser sur celles qui prétendent la dépasser[1], il est plus expédient de ne pas renoncer à une base d'opérations, très suffisante comme point de départ d'où un travail d'extension peut trouver carrière indéfinie.

C'est un fait d'ailleurs que les nécessités modernes exigent qu'on ne se contente plus de ces *illuminations*, que, renchérissant à peine sur Fichte[2], je décrivais comme dispersées, instables, mal garanties, de nulle valeur sans un acte de foi préalable et plaisantes seulement par le crédit qu'on veut bien y ajouter[3]. Il est vain de les opposer telles quelles à la logique ou à l'esprit de système. Il faut vaincre l'adversaire avec ses propres armes, par une cohérence plus rigoureuse et une systématisation plus serrée, par une construction qui l'implique et l'explique au lieu qu'elle soit réduite et décomposée par lui. Ce procédé de la *généralisation*[4], par lequel la géométrie de Riemann a résorbé celle d'Euclide et la physique relativiste celle de Newton en les admettant comme cas particuliers d'une synthèse plus compréhensive, indique la voie vérita-

1. Je ne retiendrai pas ces suspicions, car, quand deux modes de pensée s'opposent, il ne sert à rien de tirer de l'un argument contre l'autre et réciproquement. Il est préférable d'examiner respectivement leurs inconvénients intrinsèques.
2. Cf. *Grundzüge des gegenwartigen Zeitalters*, 8e leçon. J'ai résumé et commenté l'argumentation du philosophe dans un article paru dans le numéro spécial des *Cahiers du Sud* consacré au Romantisme allemand (1937).
3. *Procès intellectuel de l'Art*, 1re édit., 1935, p. 10.
4. Je souligne, car il est trop d'esprits encore attachés, sinon à la logique d'Aristote, du moins à la dialectique de Hegel, que Bolyai ou Lobatchevsky ne nient pas Euclide, ni Einstein Newton et qu'on ne saurait passer par une conversion de contradictoires des systèmes des uns à ceux des autres. Il s'agit de *généralisation*, ce qui est différent du tout au tout. Cf. G. Bachelard, *Le Nouvel Esprit scientifique*, Paris, 1934.

ble. Dans quelque domaine que ce soit, l'issue de la concurrence du systématique et du rationnel, en entendant par ce dernier terme l'état des formes de l'intuition intellectuelle vis-à-vis du contenu de l'expérience[1], ne peut plus faire de doute. *Sur tous les points en conflit, le litige s'est soldé par la capitulation du rationnel devant les exigences de la systématisation.* Et il ne pouvait en être autrement, puisque c'est celle-ci qui détermine les différents stades de celui-là. Une telle démarche de connaissance ne progresse jamais sans s'enrichir de ses conquêtes et sans s'assimiler l'essentiel de leur substance, en sorte que le principe d'explication, toujours supérieur en tout point à ce qu'il explique, du fait de cette intégration continue, ne cesse de porter en soi le caractère fondamental de la recherche fondée, celui qui dans *l'épreuve des forces* lui assure une prestigieuse suprématie : *qu'elle rend compte de tout sans que rien n'en rende compte.*

*

Forte de pareils fondements, l'investigation méthodique n'a rien à craindre ni des systèmes soi-disant plus positifs, ni des divers intuitionnismes, et peut prétendre à faire la loi aux uns et aux autres. C'est dans cette voie qu'il peut ne pas paraître superbe de parler d'une *orthodoxie militante*, ne puisant son autorité que dans la solidité

---

1. De manière analogue, Ph. Frank définit le bon sens comme le désir de mettre les faits expérimentaux en accord avec la cosmologie de la philosophie classique. *Théorie de la connaissance et physique moderne*, Paris, 1934, p. 18.

de ses principes, la rigueur de leur application, *et l'attrait de ses exigences.* Il est alors nécessaire de couper les ponts, de se distinguer avec éclat de la médiocrité et de la contrefaçon. De fait, il n'y a pas de raison de ne pas être brutal, car c'est la négation même de l'ordre que l'ivraie jouisse des mêmes droits que le bon grain, et il répugne à une pensée saine que la faiblesse et l'inconsistance, recevant autant de considération que l'acuité et la cohérence, puissent jamais les noyer sous l'étendue et la quantité de leurs productions quotidiennes. Certes, il déplaît à certains qu'on veuille étendre au domaine intellectuel le « Soyez âpres » de Nietzsche, mais c'est à ceux seulement qui n'ont que trop de raisons de craindre cette instauration. Quant à ceux qui n'ont rien à en redouter, ils seraient coupables de ne pas s'en prévaloir pour décrier et avilir justement leurs adversaires.

*

Il est ainsi nécessaire d'user de la plus grande sévérité envers ceux qui ne se montrent pas capables de se sevrer eux-mêmes. Si l'on désire ne pas faire besogne vaine, il faut concevoir, en outre, cette réforme intellectuelle *comme généralisable à tous les domaines de l'activité humaine* et y travailler en conséquence. Quelque prématurée qu'elle puisse paraître, il n'est pas hors de propos d'envisager cette fin, car la considération de toute l'étendue d'une entreprise produit communément quelque énergie aussitôt utilisable.

D'ailleurs, une véritable intransigeance intellectuelle ne peut pas ne pas être solidaire d'une intransigeance morale et jamais courant d'idées ne s'établit sans l'étroite union de ces deux rigueurs. Au siècle dernier déjà, il est significatif que ceux dont l'attitude intellectuelle a développé la plus grande force d'attraction soient aussi ceux dont la position morale, compte tenu des caractères de l'époque, prenne souvent une valeur exemplaire : Baudelaire, Rimbaud, Lautréamont. Mais maintenant qu'il ne subsiste ni ordre ni autorité pour inculper l'intellectuel qui pèche contre la raison ou les mœurs, maintenant qu'en ces questions la licence passe pour vertu et le dérèglement pour estimable fantaisie, *il n'est plus besoin pour se faire de la révolte un état civil ni d'un grand génie d'invention ni d'un grand courage.* C'est seulement occuper une situation confortable qui continue à bénéficier d'un prestige acquis aux temps héroïques par des hommes qui renieraient aujourd'hui pour leur routine et leur complaisance ceux qui se prétendent le plus volontiers leurs successeurs et à qui tous, le premier par toute son œuvre critique, le second par la *Saison en Enfer*, le dernier par la *Préface aux Poésies*, semblent avoir pris soin de donner par avance un éclatant démenti.

Les valeurs morales qu'ils ont défendues, valeurs de violences certes, mais aussi de fidélité et d'honneur, n'ont été insurrectionnelles que par la force des choses, se heurtant à l'oppression insupportable de déterminations qui ne les valaient pas. Aujourd'hui que le champ est libre et qu'on voit les efforts les plus suivis ne s'attacher qu'à continuer l'anarchie, c'est à elles, qui possèdent la plus grande plénitude et le plus pur prestige, qu'il appartient de *passer à l'offensive et de faire considérer la conception du monde qu'elles traduisent non plus comme un chaos désordonné de revendications discordantes, mais comme la seule capable de fonder un ordre qui tienne compte des postulations irréductibles de l'être humain.*

Cette rigueur morale doit se traduire sans attendre dans la recherche intellectuelle, où il faut, dès le début, une probité qui sache se refuser à la séduction et une fermeté qui s'accommode mal du désir de plaire. Il est, en effet, une éthique de la connaissance sans qui celle-ci ne mérite ni hommage ni sacrifice, et ne saurait en obtenir. Pour qu'une connaissance vaille d'être promue *orthodoxie*, il ne lui suffit pas d'être à l'abri de toute critique de méthode; il faut encore que, loin d'être indifférente à la sensibilité humaine, elle lui apparaisse *directement revêtue d'une attraction impérative et s'avère immédiatement capable de la mobiliser*[1].

C'est à semblable fin que les garanties morales ne sont pas moins nécessaires que les garanties intellectuelles; et d'ailleurs comment ces dernières pourraient-elles être conservées et fournies, si elles cessaient d'être maintenues par la plus sévère conscience dans toute la conduite de la vie? Il est, en effet, inconcevable qu'une concession sur un point n'aboutisse pas à quelque

1. C'est en effet la seule différence entre la connaissance scientifique ordinaire et la sorte particulière de connaissance qui est ici décrite, que, par définition, tout résultat de cette dernière, se situant également sur le plan de la valeur, exerce du fait même une emprise sur l'affectivité. D'où le côté *agressif* de toute orthodoxie.

relâchement dans les autres, tant la constitution de l'être humain s'affirme *unitaire*.

Précisément, l'espoir d'une *orthodoxie* n'est pas autre chose que *la présomption de l'entreprise unitaire idéale*, celle qui se propose pour tâche de mettre en œuvre la *totalité de l'être*, de façon à faire concourir ses différentes fonctions à une création vivante et continue qui apporterait d'autant plus de satisfactions à ses tendances essentielles qu'au lieu de dispenser à chacune une pâture incomplète, hétérogène et dispersée, elle serait à même de lier organiquement leur honneur comme elle a fait de leur effort et d'apporter ainsi à leurs revendications tout un surcroît de certitude et de force par l'épreuve vécue et comprise de leur cohérence et de leur solidarité.

*

Il s'agit là de la plus lointaine perspective, de la plus improbable espérance. La tâche immédiate qui sollicite actuellement les énergies est aussi humble et précise qu'elles apparaissent grandioses et peuvent sembler vagues. Le départ et le but participent du moins l'un de l'autre par leur commun postulat de rigueur : en face de la complaisance générale, c'est assez déjà pour qu'on perçoive distinctement leur filiation. Dès la déclaration des hostilités, il importait de signifier avec clarté les buts de guerre : l'édification lente et sûre d'une doctrine dont l'exactitude se situe aussi bien sur le plan de la vérité philosophique

que sur celui des satisfactions affectives et qui, en même temps qu'elle donne à chacun *la certitude de son destin*, lui soit concurremment un impératif moral pour tous les conflits et la solution technique de toutes les difficultés.

DU MÊME AUTEUR

Aux Éditions Gallimard

CIRCONSTANCIELLES : 1940-1945, 1946.

LE ROCHER DE SISYPHE, 1946.

L'INCERTITUDE QUI VIENT DES RÊVES, 1956.

MÉDUSE ET CIE, 1960.

LES JEUX ET LES HOMMES, Idées, 1960.

JEUX ET SPORTS, in Encyclopédie de la Pléiade, série méthodique, 1968.

L'HOMME ET LE SACRÉ, Idées, 1970.

CASES D'UN ÉCHIQUIER, 1970.

PIERRES, Poésie, 1971.

POÉTIQUE DE SAINT-JOHN PERSE, 1972.

DISCOURS DE RÉCEPTION À L'ACADÉMIE FRANÇAISE ET RÉPONSE DE RENÉ HUYGHE, 1973.

LA DISSYMÉTRIE, 1973.

APPROCHES DE L'IMAGINAIRE, inclus : Description du Marxisme, Bibliothèque des Sciences Humaines, 1974.

PIERRES RÉFLÉCHIES, 1975.

COHÉRENCES AVENTUREUSES, Idées, 1976.

ANTHOLOGIE DU FANTASTIQUE I et II, 1977.

BABEL, Idées, 1978; Folio Essais, précédé du Vocabulaire Esthétique, 1996.

APPROCHES DE LA POÉSIE, Bibliothèque des Sciences Humaines, 1978.

LE FLEUVE ALPHEE, 1978; L'Imaginaire, 1992.

PONCE PILATE, L'Imaginaire, 1981.

LA NÉCESSITÉ D'ESPRIT, 1981.

L'INCERTITUDE QUI VIENT DES RÊVES, 1983.

TRÉSOR DE LA POÉSIE UNIVERSELLE (en collaboration avec Jean-Clarence Lambert), Gallimard/Unesco, 1986.

OBLIQUES, 1987.

CORRESPONDANCE AVEC JEAN PAULHAN, Cahiers de la NRF, 1991.

Impression Brodard et Taupin
à La Flèche (Sarthe),
le 14 août 2002.
Dépôt légal : août 2002.
1er dépôt légal dans la collection : mars 1987.
Numéro d'imprimeur : 14473.

ISBN 2-07-032410-9 / Imprimé en France.

120084